LE MONDE D'AUJOURD'HUI

AVIATION ET NAVETTES SPATIALES

HUGH JOHNSTONE

EDITIONS ARTIS – HISTORIA
Bruxelles

TABLE DES MATIERES

TYPES D'AERONEFS	**4**
PLUS LOURDS QUE L'AIR	6
VOILURES FIXES ET TOURNANTES	8
AVIONS CIVILS	10
PLANEURS ET U.L.M.	12
AVIONS MILITAIRES	14
HELICOPTERES	16
DES CIEUX ENCOMBRES	18
AVION OU FUSEE ?	**20**
NAVETTES	22
LANCEMENT PAR FUSEE	**24**
FUSEES MILITAIRES	26
L'HOMME DANS L'ESPACE	28
MODES DE PROPULSION DANS L'ATMOSPHERE	**30**
PROPULSION PAR FUSEE	**32**
RECORDS AERIENS ET SPATIAUX	**34**
GLOSSAIRE/INDEX	**35, 36**

Armé jusqu'aux dents : le McDonnell Douglas AH-64 *Apache*.

La photographie en page de couverture représente la navette spatiale *Columbia*.

INTRODUCTION

Orville et Wilbur Wright accomplissent le premier vol historique en 1903. Après des débuts hésitants, l'aviation prend son essor et l'industrie aéronautique acquiert une importance mondiale. Les progrès sont très rapides : 50 ans seulement après l'exploit des deux frères, des avions à réaction desservent des lignes régulières pour voyageurs à plus de 800 km/h tandis que des avions militaires franchissent le mur du son. Aujourd'hui, le trafic aérien s'impose sans conteste comme le principal moyen de transport sur les longues distances, en acheminant plus d'un milliard de passagers par an. La conquête de l'espace est tout aussi spectaculaire. Quatre ans seulement s'écoulent entre le lancement du Spoutnik soviétique en 1957 et le premier vol habité dans l'espace. Huit ans plus tard, l'astronaute américain Neil Armstrong écrit une nouvelle page de l'histoire en posant le pied sur le sol lunaire. L'année 1981 voit le lancement de la première navette spatiale américaine. C'est le premier vaisseau spatial réutilisable de l'histoire. Malgré la catastrophe qu'a été l'explosion de Challenger, le programme a maintenant repris avec succès. Des fusées et des navettes mettent régulièrement en orbite divers types de satellites (météorologiques, de surveillance, de radiodiffusion, de télécommunications, etc.) qui ont un impact direct sur notre vie quotidienne.

Mi-avion, mi-fusée, la navette de la NASA atterrit en vol plané.

TYPES D'AÉRONEFS

L'avion dont le plus grand nombre d'exemplaires ont été produits est le Douglas DC3 *(Dakota)*. Au total, près de 11 000 modèles, civils et militaires ont vu le jour.

L'avion expérimental *Voyager* fait le tour du monde sans escale en 1986, en 9 jours, 3 minutes et 44 secondes.

Le premier vol motorisé remonte à moins de 90 ans. Depuis lors, de multiples modèles d'aéronefs ont été mis au point pour accomplir différentes missions civiles et militaires. La majorité des gens n'empruntent que des avions de ligne, mais ces derniers représentent une partie seulement de l'aviation civile. Le transport de fret suit les mêmes couloirs aériens que celui des passagers et fait couramment appel à des versions cargo des mêmes aéronefs. Autres appareils destinés à un usage professionnel : les avions postaux, les avions de pulvérisation des cultures, les hélicoptères de surveillance (police), etc. Les engins de sport et de tourisme comprennent les planeurs et les U.L.M. (Ultra Léger Motorisé) ainsi que les ballons à air chaud ou à hélium. Quant aux avions militaires, ils sont encore plus spécialisés : de l'intercepteur rapide et maniable au redoutable avion d'attaque au sol apte au vol en rase-mottes, en passant par le bombardier stratégique lance-missiles.

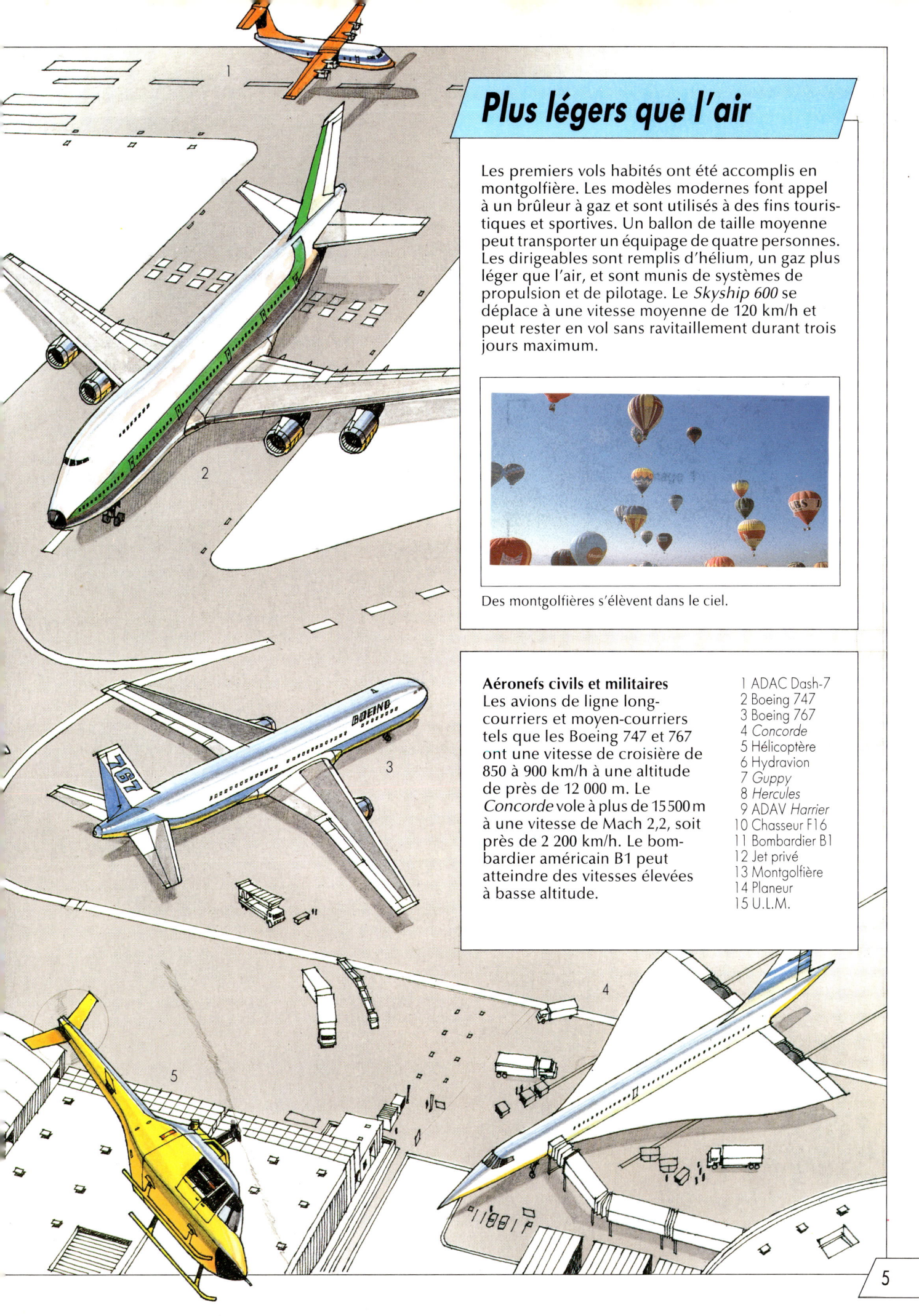

Plus légers que l'air

Les premiers vols habités ont été accomplis en montgolfière. Les modèles modernes font appel à un brûleur à gaz et sont utilisés à des fins touristiques et sportives. Un ballon de taille moyenne peut transporter un équipage de quatre personnes. Les dirigeables sont remplis d'hélium, un gaz plus léger que l'air, et sont munis de systèmes de propulsion et de pilotage. Le *Skyship 600* se déplace à une vitesse moyenne de 120 km/h et peut rester en vol sans ravitaillement durant trois jours maximum.

Des montgolfières s'élèvent dans le ciel.

Aéronefs civils et militaires
Les avions de ligne long-courriers et moyen-courriers tels que les Boeing 747 et 767 ont une vitesse de croisière de 850 à 900 km/h à une altitude de près de 12 000 m. Le *Concorde* vole à plus de 15 500 m à une vitesse de Mach 2,2, soit près de 2 200 km/h. Le bombardier américain B1 peut atteindre des vitesses élevées à basse altitude.

1 ADAC Dash-7
2 Boeing 747
3 Boeing 767
4 *Concorde*
5 Hélicoptère
6 Hydravion
7 *Guppy*
8 *Hercules*
9 ADAV *Harrier*
10 Chasseur F16
11 Bombardier B1
12 Jet privé
13 Montgolfière
14 Planeur
15 U.L.M.

PLUS LOURDS QUE L'AIR

Le premier vol dirigé à moteur fut réalisé par les frères Wright en 1903. Ils orientaient leur *Flyer* au moyen de la torsion des ailes.

Le bateau volant Hughes H4 *Hercules* avait une envergure de 97,5 m.

Les avions sont soutenus en vol par la portance produite par leurs ailes. Mais voler ne suffit pas, il convient également de diriger son appareil. Pour ce faire, on actionne des gouvernes qui modifient la direction de l'avion en déviant le courant d'air. Elles se situent sur les ailes et l'empennage et sont commandées à l'aide du manche à balai et des pédales de direction ou du palonnier (barre horizontale manœuvrée aux pieds). En règle générale, ces derniers sont directement couplés à des servomoteurs qui fournissent l'effort de rotation des gouvernes. Dans certains avions civils et militaires modernes, les commandes de vol par fil électrique ont remplacé ce système.

Comment vole un avion

L'aile se présente comme un plan de sustentation, c'est-à-dire un corps profilé de manière à ce que l'air s'écoule plus rapidement par-dessus que par-dessous. Là où le débit accélère, l'air se détend, et une zone de basse pression se forme. La pression étant supérieure en dessous de l'aile, la différence de pression qui en résulte produit la portance. La portance est fonction du profil de l'aile, de la vitesse de l'air et de l'angle formé par l'aile et le courant d'air (angle d'attaque). Accroître ce dernier revient à accentuer la déviation de l'air et à augmenter la portance. Si l'angle d'attaque est trop élevé, ou si la vitesse est trop faible, on assiste à un décollement du flux d'air, la portance disparaît et l'aile décroche. Les volets hypersustentateurs élargissent l'aile et accentuent sa courbure, ce qui permet d'accroître la portance à faible vitesse lors du décollage et de l'atterrissage. Câbles de commande actionnant les volets d'un avion de ligne.

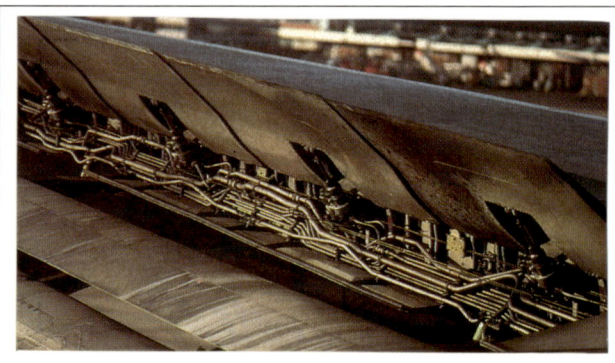

Câbles de commande actionnant les volets d'un avion de ligne.

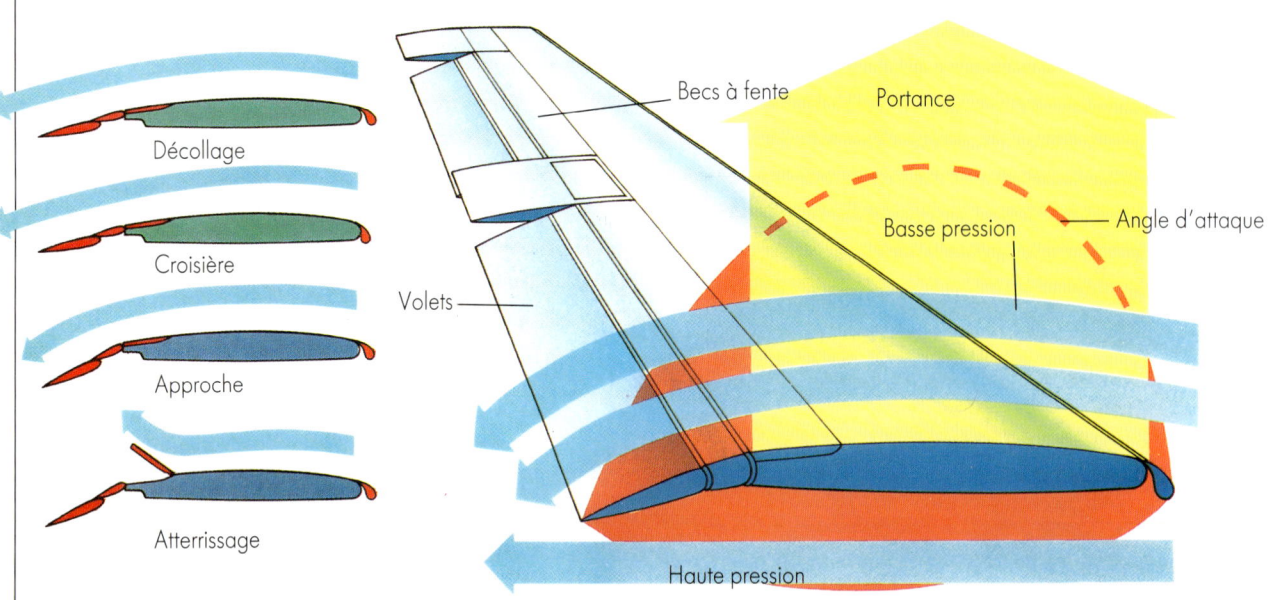

Commandes

Les gouvernes de profondeur situées sur l'empennage impriment à l'avion un mouvement de tangage. En poussant le manche à balai vers l'avant, on fait pivoter les gouvernes de profondeur vers le bas. Ceci augmente leur angle d'attaque et la portance accrue qui en résulte soulève la queue de l'appareil. En tirant le manche vers soi, on obtient l'effet inverse. Le manche à balai permet également d'agir sur les ailerons, qui pivotent en sens opposé: l'un s'élève et réduit la portance de son aile, tandis que l'autre s'abaisse, augmentant la portance de l'autre côté, ce qui provoque un mouvement de roulis. On négocie un virage en faisant rouler l'avion. Ainsi, la portance des ailes ne s'exerce plus uniquement de bas en haut, mais acquiert une composante horizontale qui fait tourner l'avion. Cette manœuvre provoque aussi un lacet qu'il faut compenser en actionnant le gouvernail de direction dans le sens du virage.

Commandes de vol par fil électrique

L'informatique a révolutionné les organes de commande des avions. A l'origine, les commandes de vol par fil électrique ont été conçues pour équiper des avions de combat, mais les derniers modèles d'avions de ligne, tel l'Airbus A320, font également appel à ce système électronique. Le manche à balai est remplacé par un levier de commande à une main, situé à côté du siège du pilote. Les commandes transmettent un signal à deux ordinateurs de bord. Ceux-ci analysent les mouvements que le pilote souhaite effectuer, puis envoient à leur tour des signaux aux servomoteurs qui actionnent les gouvernes. Si le pilote tente d'accomplir une manœuvre dangereuse, par exemple un virage trop serré, l'ordinateur de commande n'exécutera pas son ordre.

Monter ou descendre
La gouverne de profondeur s'élève et l'avion se cabre.

Tourner
Ailerons droits baissés. Ailerons gauches relevés. Gouvernail de direction tourné à gauche pour corriger le lacet.

Vol en palier
Toutes les gouvernes à plat, sauf compensation du vent latéral et corrections mineures.

Un levier de commande à une main remplace le manche à balai.

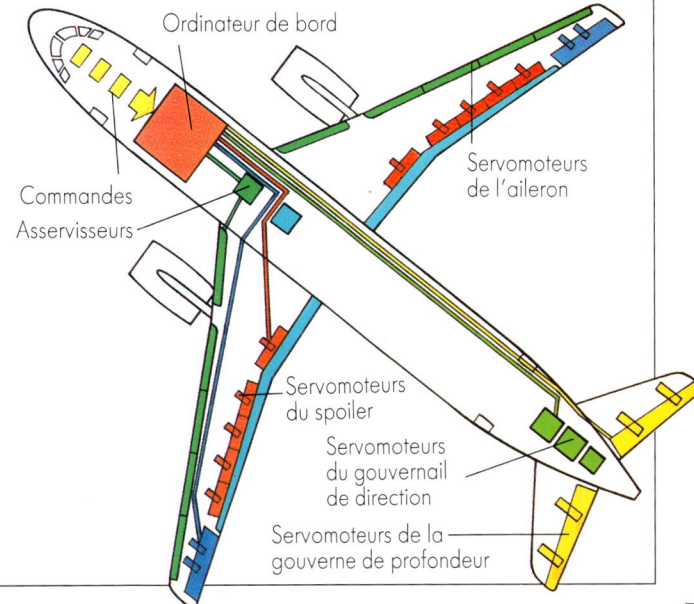

VOILURES FIXES ET TOURNANTES

Les ailes du Lockheed F104 *Starfighter* n'ont que 10 cm d'épaisseur.

Les réservoirs d'aile de l'*Airbus* A300 ont une capacité de près de 63 000 litres.

Le *Dédale*, avion à propulsion musculaire, a une envergure de 34 m.

La fonction de la voilure, c'est-à-dire des ailes d'un avion, est de produire de la portance. Toutefois, elle provoque aussi une traînée induite qui absorbe une grande partie de la puissance du moteur. Pour cette raison, les concepteurs ont imaginé des ailes de formes très diverses, en fonction de leurs applications spécifiques. Dans les avions de ligne civils, les réservoirs à carburant sont logés dans la voilure, réservant ainsi le fuselage aux passagers et à la cargaison. Dans un hélicoptère, la portance est produite par les pales du rotor qui sont, en fait, des ailes rotatives actionnées par le moteur. Parmi les autres systèmes de sustentation, il convient de mentionner les tuyères mobiles du *Harrier*, ainsi que le rotor basculant, qui n'a pas dépassé le stade expérimental.

Types de voilure

La forme de la voilure d'un avion est choisie essentiellement en fonction de la vitesse que doit atteindre ce dernier. Les ailes longues et étroites confèrent une bonne portance et une traînée réduite. Elles équipent les planeurs et les avions de reconnaissance évoluant à haute altitude. La majorité des avions de ligne disposent d'une voilure en flèche qui autorise une vitesse de croisière élevée. Leurs grands volets accroissent la surface alaire à vitesse réduite lors du décollage et de l'atterrissage. Ces appareils nécessitent néanmoins une piste très longue. La flèche variable constitue un compromis efficace pour les applications militaires. Les avions à géométrie variable peuvent écarter les ailes à vitesse réduite et les replier à mesure que celle-ci augmente. Les ailes delta équipent souvent les avions supersoniques. Elles offrent les mêmes avantages que la configuration en flèche mais sont plus résistantes. Elles peuvent souvent se passer d'empennage. La voilure des appareils supersoniques peut être très mince afin de limiter la traînée.
Lorsque le flux d'air qui s'écoule le long d'une aile dépasse la vitesse du son - Mach 1 - une onde de choc se produit. Elle a lieu avant que l'avion lui-même n'atteigne cette allure, et la flèche vise à en retarder l'apparition.

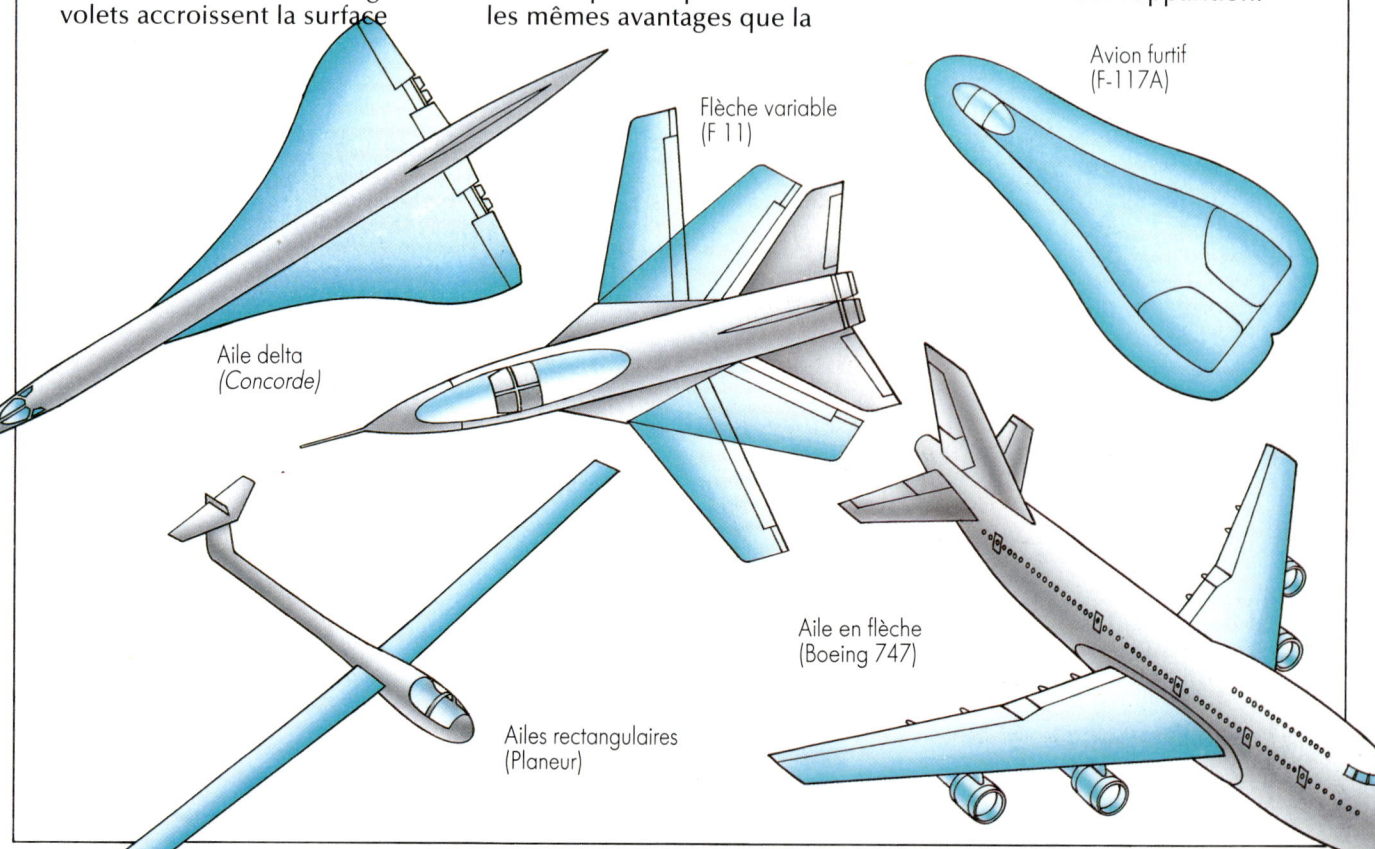

Aile delta (Concorde)

Flèche variable (F 11)

Avion furtif (F-117A)

Ailes rectangulaires (Planeur)

Aile en flèche (Boeing 747)

Voilure tournante

Le rotor d'un hélicoptère est constitué de pales longues et minces disposant d'une section portante. Pendant la rotation, le mouvement des pales produit une portance qui fait décoller l'appareil. Les manoeuvres avant, arrière et latérales s'effectuent en inclinant le rotor. Celui-ci est actionné par un moteur qui permet à l'hélicoptère de décoller verticalement et de se maintenir en vol stationnaire. En cas de panne, l'hélicoptère commence à chuter et le courant d'air qui en résulte fait tourner librement le rotor. Grâce à la portance ainsi produite, le pilote peut manoeuvrer en vol plané et accomplir un atterrissage contrôlé. L'autogire dispose d'un rotor libre et d'une hélice distincte actionnée par un moteur. Au décollage, on enclenche celle-ci, et l'appareil commence à progresser lentement. L'avancement provoque l'autorotation du rotor, qui produit rapidement une portance suffisante pour soulever l'autogire après un bref élan.

Le rotor d'un autogire n'est pas entraîné par un moteur.

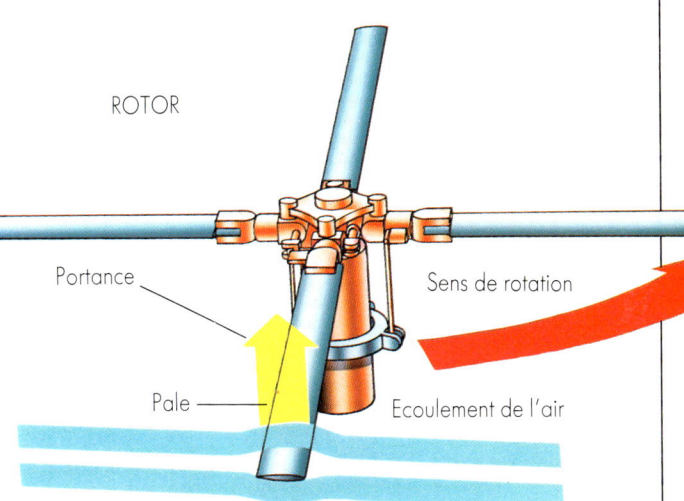

Décollage vertical

La poussée des moteurs à réaction peut intervenir directement dans les manoeuvres de décollage et d'atterrissage verticaux. La poussée de 9 750 kg du moteur du *Harrier* est canalisée dans quatre tuyères, situées de part et d'autre du fuselage. Au décollage, les tuyères pivotent vers le bas et la poussée du réacteur soulève l'appareil. Une fois en vol, le pilote les oriente progressivement vers l'arrière. Le *Harrier* vole alors comme un avion normal, dont la voilure assure la portance. Les tuyères peuvent également tourner de façon à produire de la portance en vol, permettant ainsi à l'appareil de se déplacer à vitesse très réduite, de rester en vol stationnaire et même de faire marche arrière.

Les hélices de cet avion peuvent basculer de façon à produire une poussée verticale.

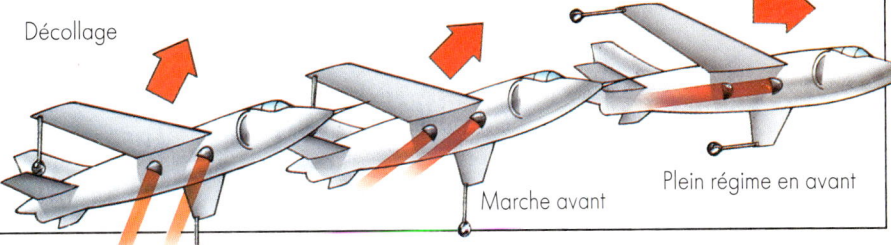

AVIONS CIVILS

Lancé en 1940, le Boeing 307 est le premier avion de ligne disposant d'une cabine de passagers entièrement pressurisée.
Comet 1, le premier avion de ligne à réaction, mis en service en 1952.
En 1956, American Airlines enregistre pour la première fois un nombre de kilomètres-passagers supérieur à celui des compagnies ferroviaires.

Les avions civils vont du petit avion-taxi, transportant un minimum de quatre passagers sur une ligne régulière de moins de 300 km, au gros porteur subsonique qui peut acheminer jusqu'à 600 personnes sur une courte distance, ou parcourir 9 700 km sans escale. Il existe également des avions de ligne supersoniques, tel le *Concorde*. Pour les avionneurs, la mise au point d'un nouveau modèle passe par la recherche d'un équilibre optimal entre les coûts de revient et d'exploitation ainsi que les exigences de sécurité. Un des objectifs est de rendre l'appareil aussi léger que possible : pour un avion de ligne type, on estime qu'un accroissement d'un kilo du poids de la structure entraîne une augmentation de consommation de 150 litres par an.

Avion de transport moderne

L'aménagement intérieur d'un avion de ligne varie en fonction du service offert. Dans les avions à court rayon d'action et les charters, les sièges sont très rapprochés de façon à transporter un maximum de personnes. En revanche, sur les lignes plus longues, comme les intercontinentales, les passagers jouissent d'un espace plus confortable. A titre d'exemple, l'Airbus A300 est à même de transporter 345 personnes, installées dans des rangées latérales de 9 sièges de 76 cm de large. A 86 cm par passager, sa capacité est de 285 personnes et elle passe à 267 en version mixte (première classe/classe touriste). Les bagages et la cargaison se trouvent sous la cabine. Les soutes du A300 ont un volume de 147,4 mètres cubes.

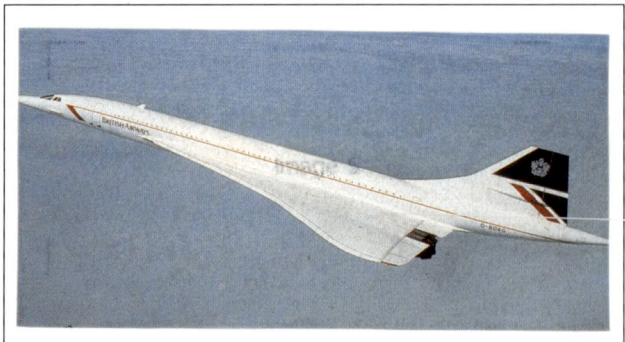

Le *Concorde* peut voler à une vitesse supérieure à celle du son.

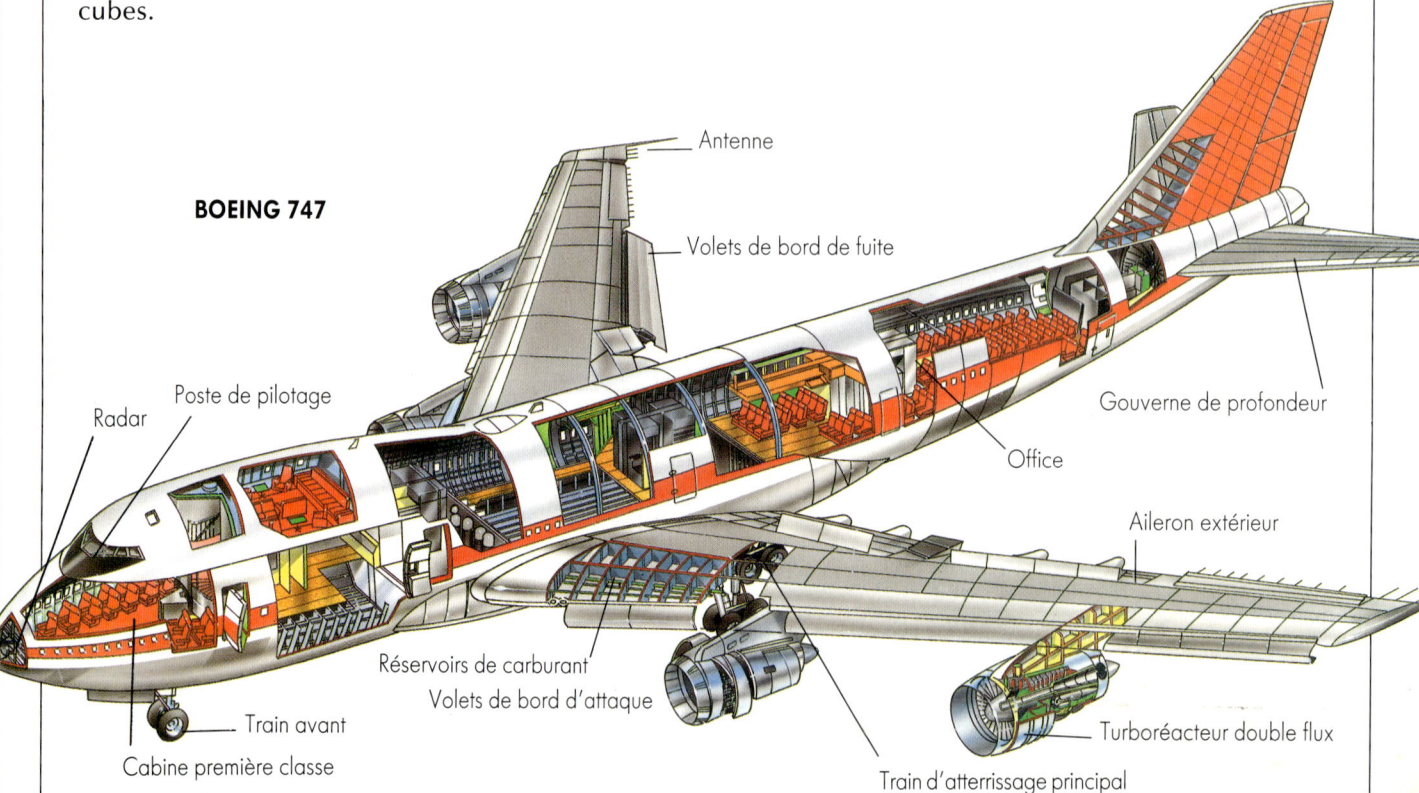

BOEING 747

- Antenne
- Volets de bord de fuite
- Gouverne de profondeur
- Office
- Aileron extérieur
- Turboréacteur double flux
- Train d'atterrissage principal
- Volets de bord d'attaque
- Réservoirs de carburant
- Cabine première classe
- Train avant
- Radar
- Poste de pilotage

Types d'avions civils

Les avions de ligne se subdivisent en trois catégories, en fonction des distances qu'ils sont appelés à parcourir: les court-courriers jusqu'à 1600 km, les moyen-courriers jusqu'à 4830 km et les long-courriers jusqu'à 9700 km, voire plus. La disposition des moteurs varie également. En général, les avions qui doivent survoler la mer durant plus de 90 minutes possèdent au moins trois moteurs, afin de se prémunir contre les pannes. Néanmoins, les turboréacteurs double flux modernes sont très fiables et des biréacteurs commencent aussi à desservir ces lignes. Les moteurs montés sur la voilure ou en dessous de celle-ci compensent en partie la portance grâce à leur poids et permettent ainsi d'alléger la structure des ailes. Le DC9 et le Fokker 100 sont équipés de biréacteurs placés en queue d'avion tandis que le Boeing 727 et le DC10 possèdent trois réacteurs, également à l'arrière.

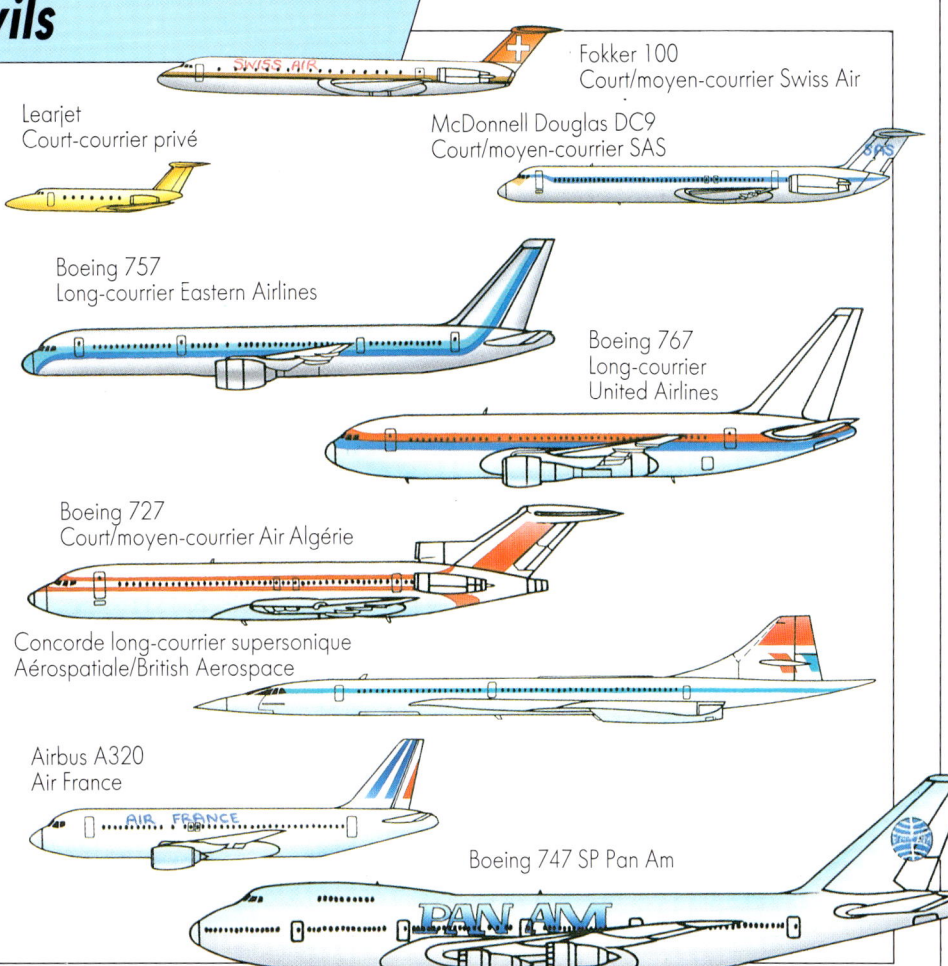

Fokker 100
Court/moyen-courrier Swiss Air

Learjet
Court-courrier privé

McDonnell Douglas DC9
Court/moyen-courrier SAS

Boeing 757
Long-courrier Eastern Airlines

Boeing 767
Long-courrier
United Airlines

Boeing 727
Court/moyen-courrier Air Algérie

Concorde long-courrier supersonique
Aérospatiale/British Aerospace

Airbus A320
Air France

Boeing 747 SP Pan Am

Avions-cargos

La majorité des avions-cargos sont des variantes d'appareils conçus pour le transport des passagers, la principale différence étant l'adjonction de grandes portes pour faciliter le chargement. Les gros porteurs tels que l'Antonov et le Lockheed C5A *Galaxy* possèdent une rampe d'accès arrière et un nez basculant. La soute principale du AN-124 a une capacité totale de 171 tonnes.

Le AN-124 est le plus gros avion du monde.

ADAC

Les avions à décollage et atterrissage courts (ADAC) recourent abondamment aux volets hypersustentateurs et aux becs à fente, qui leur confèrent une voilure à haute portance. Ils peuvent opérer à partir de petits aérodromes, en particulier ceux proches des centres-villes. L'un des modèles les plus utilisés est le Havilland Canada *Dash 7*, qui peut acheminer 50 passagers et n'a besoin que de 689 m pour décoller.

Le *Dash 7* se contente d'une piste assez courte.

PLANEURS ET U.L.M.

Le premier vol habité non motorisé eut lieu en 1853: le planeur de Sir George Cayley, piloté par son cocher, parcourut la distance de 457 m dans les airs.

L'aile flexible Rogallo utilisée pour les deltaplanes fut mise au point par la NASA dans le but de récupérer les capsules spatiales.

Les premiers aviateurs apprirent à voler à l'aide de planeurs. Les modèles de compétition actuels font appel à une aérodynamique très poussée ainsi qu'à des matériaux de pointe afin d'optimiser leurs performances. Les planeurs sont lancés à l'aide d'un treuil ou remorqués par un avion à moteur. Le record d'altitude en vol à voile est de 14 938 m.

Le deltaplane est l'engin volant le plus simple qui soit. Le pilote est suspendu à une surface portante semblable à un cerf-volant qu'il dirige par les mouvements de son corps. On l'utilise surtout à flanc de colline en tirant parti du courant ascendant qui se forme à cet endroit.

Planeurs

Le planeur de compétition Schemp-Hirth Discus K, qui a remporté le championnat du monde, a une envergure de 15 m et un poids à vide de 228 kg. Il a une vitesse maximale de 250 km/h et une finesse de 42,2, c'est-à-dire qu'il parcourt 42,2 mètres par mètre d'altitude perdu (en l'absence d'un courant ascendant).

Après un lancement à flanc de coteau, le planeur est porté par l'ascendance de pente. Il peut ensuite tirer parti d'une ascendance thermique (air chaud qui remonte). Le pilote monte en spirale à l'intérieur de celle-ci, puis la quitte et parcourt la contrée, où il en cherche d'autres lorsqu'il perd trop d'altitude.

Planeur prenant de l'altitude.

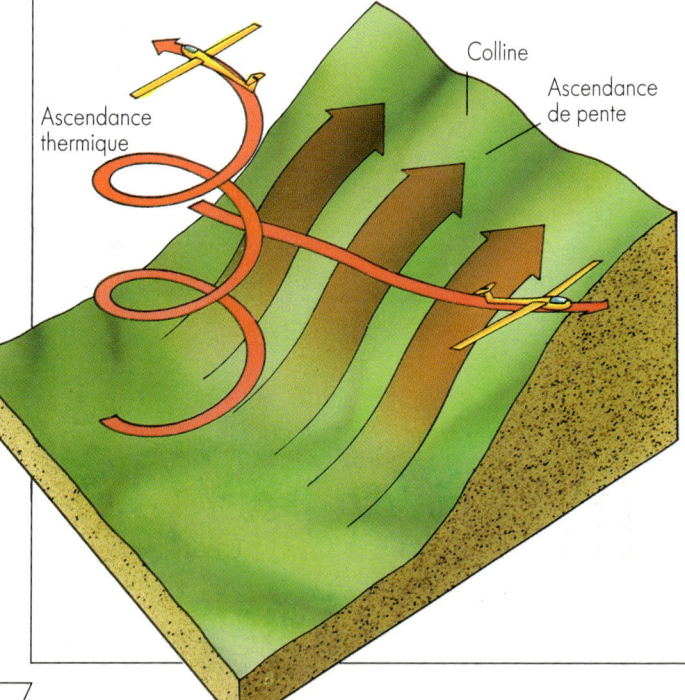

Deltaplane : cerf-volant capable de supporter une personne.

U.L.M.

Un U.L.M. (Ultra Léger Motorisé) est un avion à moteur dont le poids à vide ne dépasse pas 150 kg. Pour le conduire, un brevet de pilote classique n'est pas nécessaire. Aux Etats-Unis, la limite de poids d'un U.L.M est de 115 kg. Les modèles les plus simples sont en fait des deltaplanes motorisés. Le pilote est assis et dirige l'appareil en déplaçant le poids de son corps. Des versions plus sophistiquées se présentent comme des monoplans dont la voilure est composée d'une tubulure en alliage léger recouverte d'une toile synthétique (en térylène par ex.). Ils disposent d'un manche à balai et de pédales de direction comme un avion classique et peuvent même posséder un habitacle fermé. Un U.L.M. typique a une envergure de 10 m, une longueur de 5 m et un poids à vide d'environ 110 kg. Un moteur de 28 cv actionne une hélice légère de 1,20 m qui propulse l'engin à une vitesse maximale d'un peu plus de 90 km/h.

L'U.L.M.: un avion à moteur de conception simplifiée.

Aviation légère et sportive

Les avions de voltige sont de construction robuste, afin de pouvoir résister aux contraintes élevées que provoquent les manoeuvres acrobatiques. La majorité d'entre eux sont des biplans (à voilure double), capables de négocier des virages serrés. De nombreux pilotes amateurs possèdent leur propre avion. Ils peuvent aisément se procurer des kits comprenant les éléments de base assortis des plans de divers modèles possibles, y compris des hélicoptères. Il s'agit souvent de modèles sophistiqués autorisant une vitesse de pointe de plus de 250 km/h. Avant de pouvoir voler, ils doivent subir un contrôle sanctionné par un certificat de navigabilité.

Un monoplan de tourisme classique.

AVIONS MILITAIRES

Le premier avion à réaction opérationnel fut le biréacteur Messerschmidt Me262 en 1944.

Le F100 *Super Sabre* fut le premier chasseur à franchir le mur du son en palier.

Certaines versions du Mig25 soviétique peuvent voler à Mach 3,2.

L'aviation militaire fait appel aux découvertes les plus récentes de la technologie aérospatiale. Afin d'optimiser les performances, les avionneurs recourent à des techniques de production et des matériaux de pointe. L'objectif premier est de construire un appareil solide et fiable qui soit à même de remplir le rôle qui lui est assigné tout en transportant les armes les plus modernes. Il n'est pas rare que certains systèmes et techniques mis au point à des fins militaires soient appliqués ultérieurement dans l'aviation civile. Récemment, ce fut le cas pour des matériaux composites légers ainsi que les commandes de vol par fil électrique.

Avions polyvalents

TORNADO

Le coût exorbitant de la conception et de la mise au point d'un nouvel avion militaire a entraîné la création d'appareils polyvalents tels le Tornado et le F/A-18 *Hornet*. D'après les équipements qu'elle emporte, la même cellule pourra servir à la défense, l'attaque au sol, la reconnaissance et la guerre électronique. A leur écartement maximal, les ailes à géométrie variable du *Tornado* lui permettent de décoller à charge pleine sur une piste de moins d'un kilomètre. Une fois repliées, elles autorisent le vol supersonique à basse altitude. Les quilles-supports (trois sous le fuselage et quatre sous les ailes) peuvent transporter un véritable arsenal: des missiles air-air *Sidewinder*, des bombes de 1000 kg maximum, des dispositifs de contre-mesures électroniques, etc. Les versions conçues pour la défense aérienne sont équipées de systèmes d'interception radar.

1. Brouilleur électronique Marconi *Sky Shadow*
2. Missile air-air AIM-9L *Sidewinder*
3. Arme anti-aérodrome Hunting Jp 233
4. Bombe à fragmentation Hunting BL 755
5. Bombe à retardement à grande vitesse MK83
6. Bombe GP de 454 kg

A chacun sa tâche

Certains avions sont conçus en vue d'un objectif bien précis, tel que le chasseur F-15 (Mach 2,5) chargé d'assurer la supériorité aérienne. Ils peuvent être aménagés de façon à accomplir d'autres tâches, telle l'attaque au sol, mais n'atteindront jamais l'efficacité du *Thunderbolt* en la matière. Le blindage en titane de l'habitacle et la cellule ultra-résistante minimisent les effets de la D.C.A. (Défense contre-avions) tandis que le canon de 30 mm tirant 70 obus par seconde complète la capacité d'emport (en bombes et missiles) de 7 252 kg maximum.

D'autres avions comme le *Harrier*, le Lockheed SR-71 *Blackbird* et le B1, répondent à des besoins militaires spécifiques. Le soutien logistique de ces avions de combat est assuré par des gros porteurs tels que le transporteur universel *Galaxy* et le KC-10A *Extender*, qui transporte des passagers et du fret ainsi que du carburant pour des opérations de ravitaillement en vol.

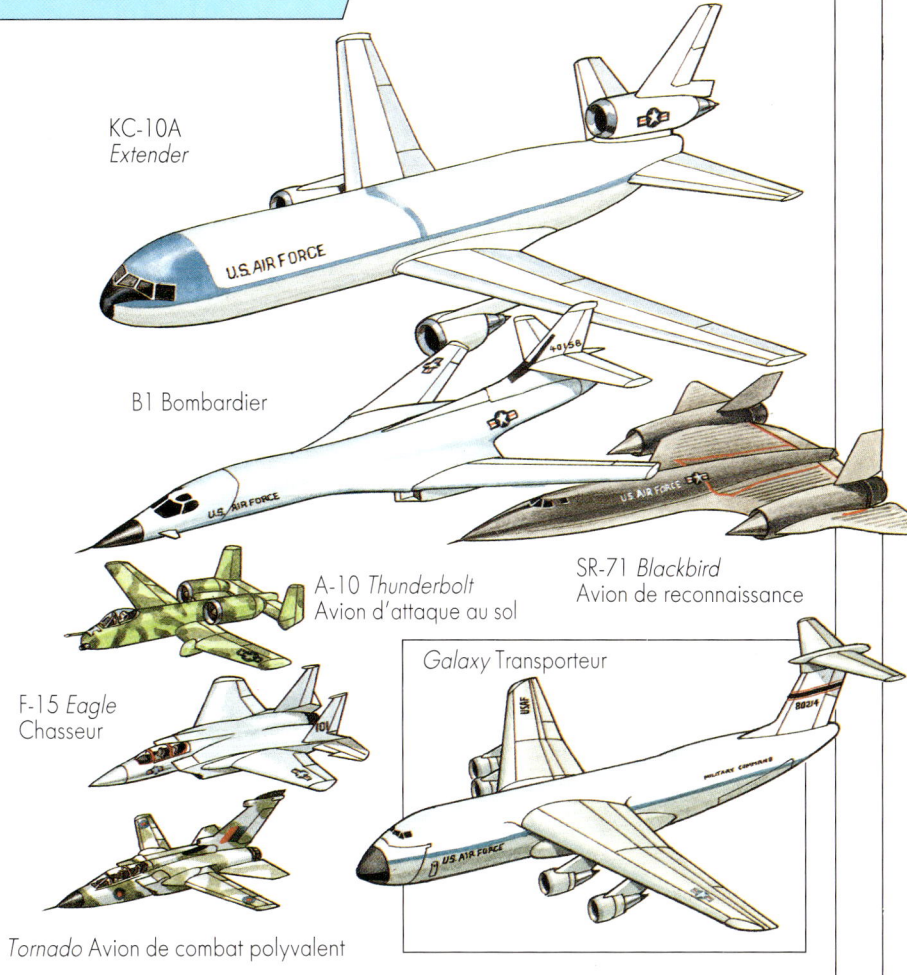

KC-10A *Extender*
B1 Bombardier
A-10 *Thunderbolt* Avion d'attaque au sol
SR-71 *Blackbird* Avion de reconnaissance
F-15 *Eagle* Chasseur
Galaxy Transporteur
Tornado Avion de combat polyvalent

Avion furtif

Les avions furtifs sont conçus pour échapper aux radars en absorbant ou en déviant leurs signaux de façon à ce qu'ils ne soient pas réfléchis en direction de l'émetteur radar. Pour ce faire, le fuselage et les ailes sont doucement incurvés, de manière à ce que les signaux ricochent en oblique. Partout où c'est possible, on fait appel à des matériaux «transparents» aux signaux radars. Les autres surfaces sont recouvertes d'un revêtement antiradar.

Une attention particulière a été attachée à l'emplacement du moteur. En effet, les ailettes du turboréacteur, qui tournent à une vitesse extrêmement élevée, réfléchissent normalement très bien les signaux radar. Les moteurs sont donc profondément encastrés à l'intérieur de la structure des ailes ou du fuselage, avec une entrée d'air et une tuyère d'éjection suffisamment longues pour disperser et absorber les signaux radars.

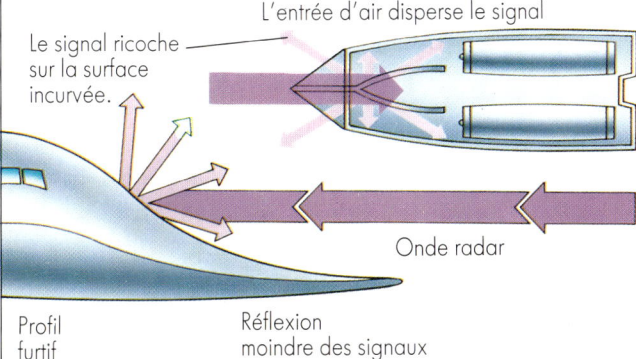

L'entrée d'air disperse le signal
Le signal ricoche sur la surface incurvée.
Onde radar
Profil furtif
Réflexion moindre des signaux

L'avion furtif américain F-117A.

HÉLICOPTÈRES

En 1490, l'artiste et inventeur italien Léonard de Vinci fabriqua une hélice de sustentation en toile de lin amidonnée, capable de s'élever à la manière d'un hélicoptère.

Le premier vol en hélicoptère libre (c'est-à-dire non captif au sol) fut réalisé en 1907 par le Français Paul Cornu.

Son aptitude à décoller et atterrir verticalement sur un site non aménagé et à se maintenir en vol stationnaire au-dessus d'un point précis fait de l'hélicoptère l'aéronef le plus polyvalent qui soit. A l'origine, ces qualités furent surtout appréciées par les militaires, qui étaient disposés à prendre en charge les coûts d'exploitation considérables des premiers modèles. Les énormes progrès techniques réalisés à ce jour ont permis de mettre au point des appareils fiables et efficaces utilisés pour de nombreuses applications civiles : transport de passagers et de fret, grue volante, ambulance, agriculture, surveillance policière, etc. Son principal handicap est sa faible vitesse.

Les pales du rotor

La plupart des hélicoptères sont équipés d'un rotor principal unique assorti d'un petit rotor de queue (dit anticouple), dont la fonction est de contrecarrer le couple de réaction qui a tendance à faire tourner la cabine sur elle-même. A grande vitesse, on assiste à l'approche d'une vitesse sonique au bout des pales avançantes. Ces phénomènes limitent la vitesse maximale - le record en la matière, 400,87 km/h, a été établi par un *Lynx* faisant appel à des pales spéciales à extrémités élargies. Les concepteurs sont en quête de nouvelles techniques permettant d'accroître la vitesse. Les convertibles comme le *Osprey* possèdent un rotor inclinable à l'horizontale, qui fait office d'hélice pendant que des ailes ordinaires produisent la portance. Bien que ces prototypes aient fait leurs preuves, ils ne sont pas encore entrés en service.

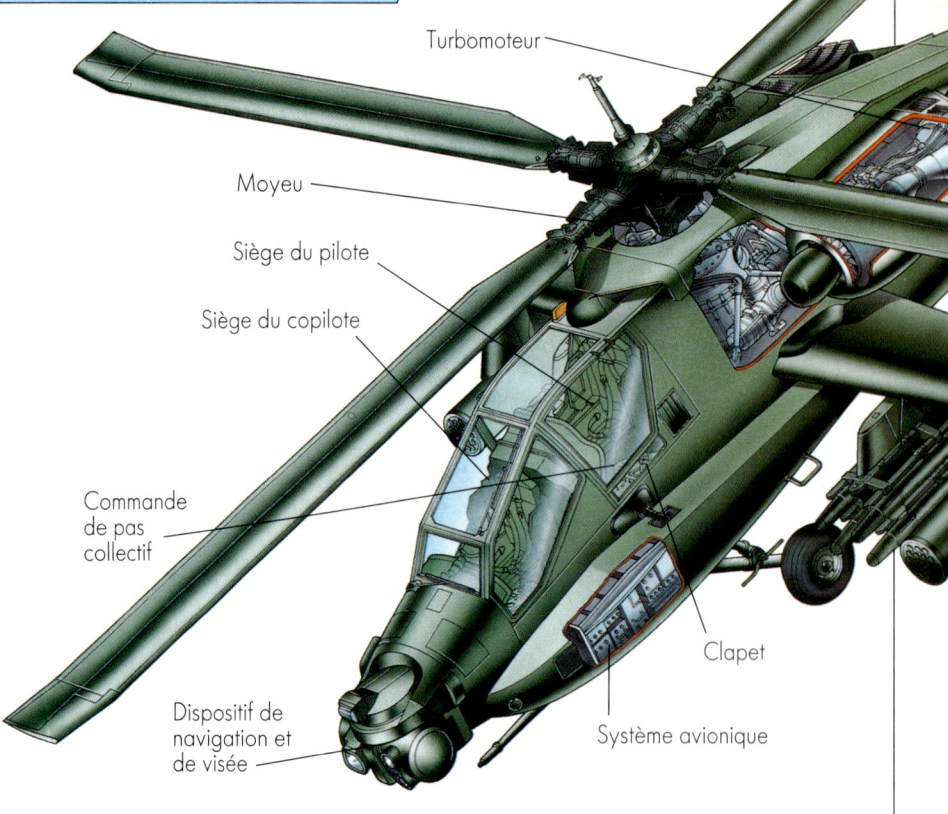

AH-64 APACHE

Turbomoteur — Moyeu — Siège du pilote — Siège du copilote — Commande de pas collectif — Dispositif de navigation et de visée — Clapet — Système avionique

Hélicoptère entre les gratte-ciel.

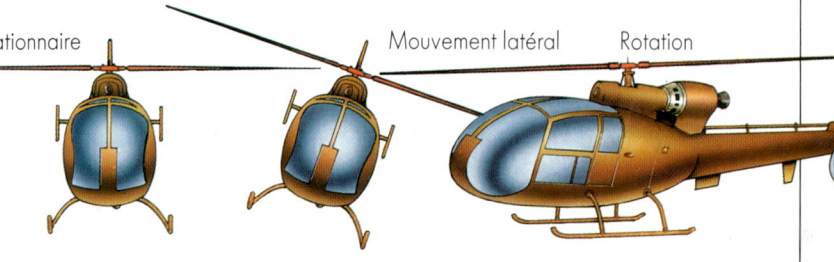

Vol stationnaire — Mouvement latéral — Rotation

Rotor de queue

Carter de transmission

Train arrière

Arbre de transmission du rotor de queue

Le plateau oscillant

Le fonctionnement du rotor est commandé par un plateau oscillant. Son mouvement de bas en haut modifie le pas des pales et, ce faisant, accroît ou réduit la portance. En vol stationnaire, toutes les pales ont le même pas. Pour avancer, le plateau oscillant s'incline vers l'avant et fait varier cycliquement le pas des pales au cours de la rotation, si bien que l'appareil pique du nez. Pour la marche arrière, c'est l'inverse : le plateau se penche vers l'arrière et modifie le pas, tandis que l'hélicoptère se cabre.

Vol stationnaire — Marche avant — Marche arrière

Arbre porte-hélice — Plateau oscillant — Pale du rotor

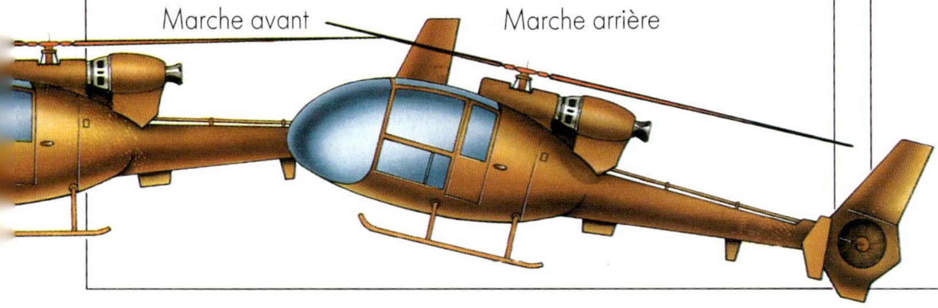

Marche avant — Marche arrière

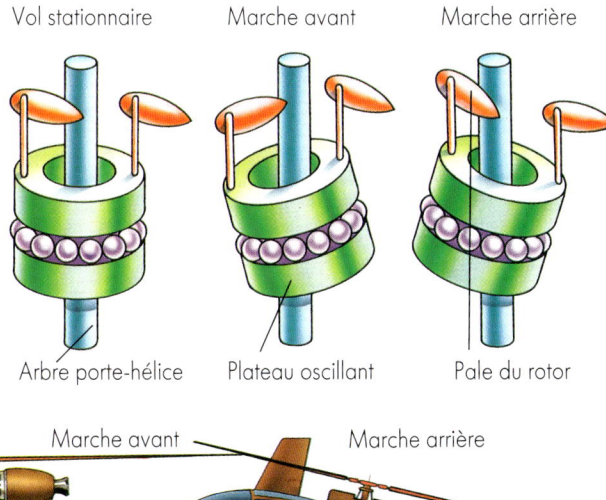

Types d'hélicoptères

Le *Sea King* sert à la lutte anti-sous-marine et aux opérations de sauvetage en mer. Sa vitesse de croisière est de 200 km/h et son rayon d'action, de 1230 km. Le Sikorsky S.61 est une des premières versions du *Sea King* ; il est équipé de 30 sièges pour le transport des passagers. Le birotor *Chinook* peut transporter jusqu'à 44 personnes ainsi qu'une charge marchande interne de 9072 kg ou une charge suspendue de 12 700 kg, attachée à un croc de cargaison. Les applications militaires demeurent le principal domaine d'utilisation des hélicoptères. L'hélicoptère d'attaque Hughes *Apache* possède un équipement avionique très poussé, qui lui permet d'opérer de nuit comme de jour. Son armement de base est un canon automatique de 30 mm tirant 625 obus par minute. Il peut également transporter 16 missiles anti-chars *Hellfire* ou encore 76 roquettes de 70 mm. Sa vitesse de pointe en palier est d'environ 300 km/h.

Hélicoptère lourd *Chinook*

Hélicoptère d'attaque Hughes AH-64 *Apache*

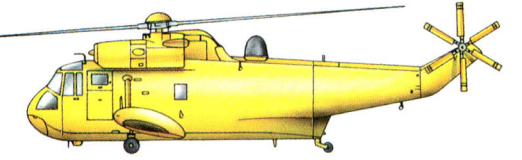

Hélicoptère de sauvetage Westland *Sea King*

Hélicoptère léger Bell 206-B

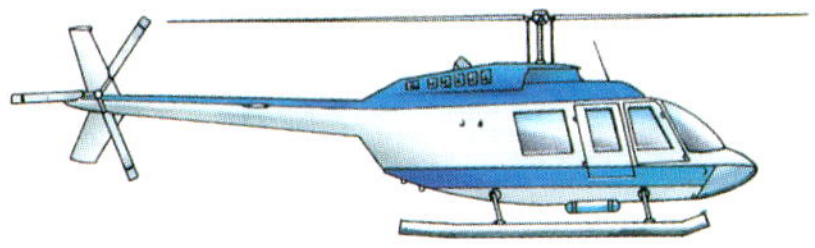

Hélicoptère d'épandage Hugues TH-55 *Osage*

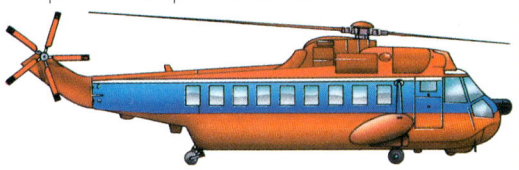

Hélicoptère de transport Sikorski S.61

DES CIEUX ENCOMBRES

A l'aéroport de Chicago O'Hare, où le trafic est le plus dense du monde, les atterrissages et les décollages se succèdent en moyenne toutes les 40 secondes. Les petits avions qui en suivent de plus grands doivent rester à bonne distance lors de l'approche finale d'atterrissage, afin d'éviter les turbulences provoquées par l'appareil qui les précède.

L'essor formidable des transports par air a entraîné un encombrement croissant des couloirs réservés aux avions. Des procédures rigoureuses de contrôle du trafic aérien visent à minimiser les risques de collision et à rendre la circulation aussi fluide que possible. Un avion ne peut pas décoller n'importe quand et se rendre n'importe où. Son itinéraire est consigné sur un plan de vol qui doit être approuvé par les autorités compétentes. Sa position est contrôlée en permanence par les contrôleurs aériens. Durant les périodes de pointe, l'espace aérien est encombré, avec, pour conséquence, des retards considérables, et l'impossibilité de décoller pour certains appareils.

Navigation

La navigation en espace contrôlé s'effectue en général dans des couloirs aériens jalonnés par des balises appelées radiophares. En dehors de ceux-ci, le mode d'orientation le plus simple est la détermination de la position : le navigateur calcule la position de l'appareil en fonction de son point de départ, de la vitesse, de la durée et de la direction du vol, ainsi que de l'influence du vent. En général, les avions de ligne disposent d'un système de navigation par inertie. Ils font appel à un jeu d'accéléromètres montés sur une plate-forme à stabilisation gyroscopique qui mesurent l'accélération de l'appareil dans les trois directions (avant, latérale et verticale). Ensuite, un ordinateur calcule la position de l'appareil par rapport à son point de départ. Le système de navigation *Navstar* situe l'avion à l'aide de signaux émis par au moins quatre satellites en orbite autour de la Terre. La version civile a une marge d'erreur de 200 m, contre 10 m pour son équivalent militaire.

1 Radar météorologique
2 Récepteur de radioalignement de piste ILS (atterrissage sans visibilité)
3 Récepteur de radioalignement de descente ILS
4 Antenne de télécommunications à très haute fréquence
5 Antenne de télécommunications par satellite
6 Radio-altimètre
7 Antenne Oméga
8 Récepteur de radiophare
9 Système avionique
10 Antenne du radiogoniomètre automatique
11 Radar Doppler
12 Antennes du transpondeur
13 Récepteur de radioborne
14 LORAN (système de radionavigation à moyenne ou basse fréquence)
15 Antennes du télémètre radar

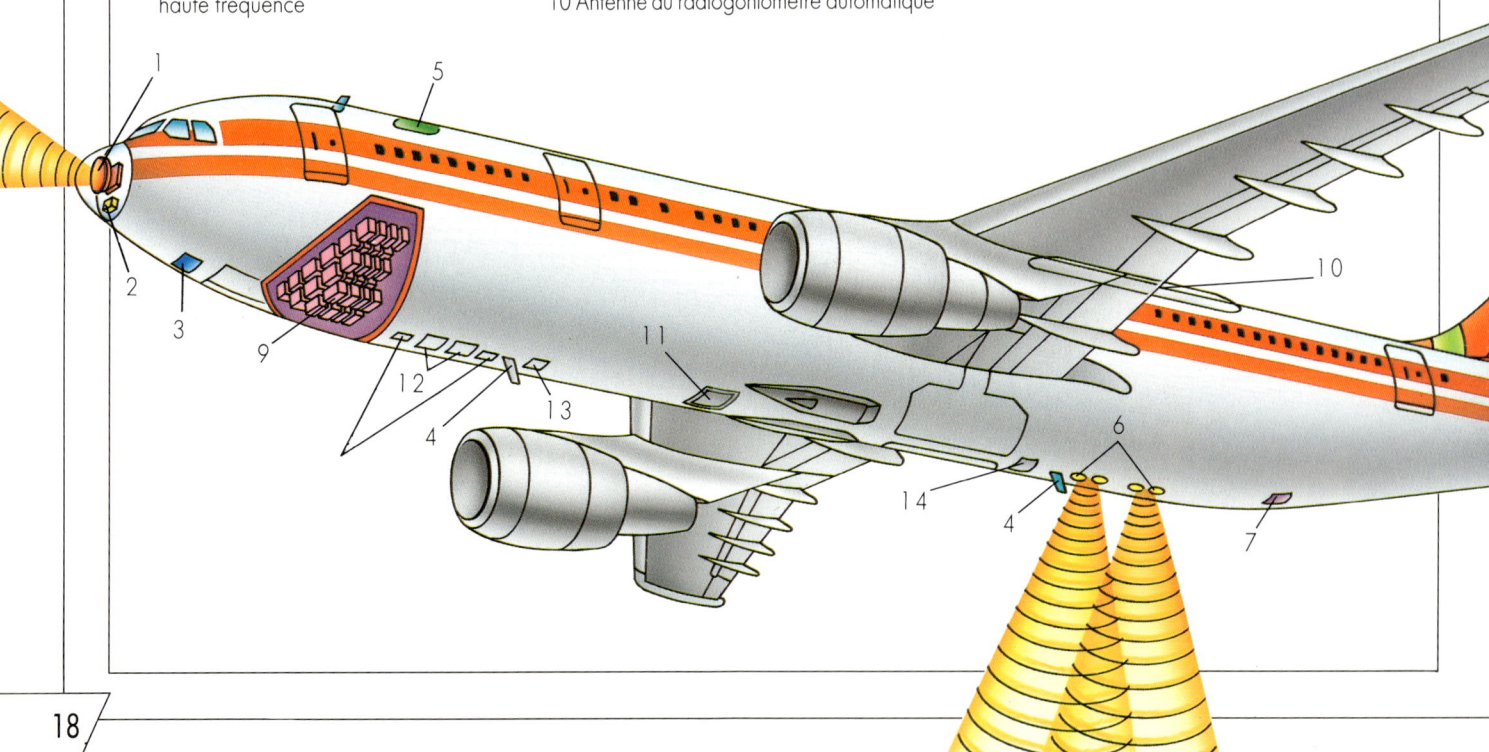

Contrôle radar

Les contrôleurs aériens sont responsables d'un secteur spécifique de l'espace aérien. Ils font appel à des écrans radar pour suivre la trajectoire des aéronefs qui le traversent. Les transpondeurs de l'avion fournissent des informations supplémentaires, sous la forme de signaux d'identification positifs et de relevés d'altitude. A l'intérieur d'un secteur donné, «l'aiguilleur du ciel» indique au pilote la vitesse et l'altitude à observer ainsi que la trajectoire à suivre. Une arrivée massive d'avions à l'aéroport oblige ceux-ci à former un circuit d'attente avant l'atterrissage. Le contrôleur peut ordonner aux pilotes de se joindre à un groupe d'avions volant en cercle autour d'une balise à une altitude différente (échelonnage vertical). Ensuite, l'avion quitte le groupe et est transféré sous la responsabilité de la tour de contrôle de l'aéroport, laquelle supervise l'approche finale et l'atterrissage de l'avion.

Un radar de contrôle du trafic aérien.

Couloir d'approche
Passage étroit ménagé dans un espace aérien encombré en vue d'amener un avion à son altitude de croisière.

Radiophare
Transmet un signal radio continu utilisé par l'avion pour déterminer sa trajectoire (= radiogoniométrie).

Point de transfert radar
Point où la surveillance d'un avion est transférée de la tour de contrôle au centre régional de circulation aérienne.

Contrôle d'aérodrome
Service responsable des arrivées, des départs et de la circulation en transit dans un rayon de 36 km autour de l'aéroport.

Dans les zones à forte densité de circulation, le trafic aérien est confiné dans des couloirs. Les avions circulant en sens opposés volent à une altitude différente, à au moins 300 m de distance. Les autres appareils sur les côtés doivent être éloignés d'au moins 8 km et ceux qui suivent ou précèdent doivent être à au moins 10 minutes de vol. Tous ces écarts sont réduits à l'approche de l'aéroport.

AVION OU FUSEE ?

Le Bell X-1 fut le premier avion à franchir le mur du son.

En 1974, un SR-71A *Blackbird* rallie New York à Londres en 1 heure 55 minutes.

L'avion de reconnaissance Lockheed TR-1A a un plafond opérationnel de 27 430 m.

En 1981, la navette spatiale américaine décolle comme une fusée et revient sur Terre à la manière d'un planeur.

L'espace se définit comme la partie de l'univers qui se trouve en dehors de l'atmosphère terrestre, laquelle s'étend jusqu'à une altitude de 100 km. A cette hauteur, le vol classique devient impossible, car l'air est trop raréfié pour produire une portance aérodynamique. En revanche, des avions-fusées spéciaux peuvent opérer dans cette zone. Récemment, la mise au point d'avions spatiaux tels que le Hotol britannique et l'Orient Express américain a suscité un vif intérêt. Ces avions spatiaux décollent comme des avions classiques et traversent directement l'atmosphère pour se rendre dans l'espace. Ils pourraient servir notamment à mettre des charges en orbite basse ou à assurer le transport intercontinental. Il serait possible d'atteindre des vitesses de l'ordre de 30 000 km/h, permettant à un appareil de ce type de rallier Londres, en Angleterre, à Sydney, en Australie, en l'espace de 45 minutes environ.

Avions-fusées

De multiples vaisseaux spatiaux ont été imaginés, mais, dans un premier temps, il a fallu s'attaquer à l'inconnue que constituait alors l'entrée dans l'espace. Aux Etats-Unis, la recherche sur le vol supersonique et hypersonique a d'abord fait appel à une gamme d'avions propulsés par fusée. En 1947, l'Américain Charles Yeager franchit le mur du son pour la première fois à bord de l'avion-fusée X-1. Le point culminant fut atteint avec le X-15A-2, qui était équipé d'un moteur-fusée d'une poussée de 32 000 kg et fut largué par un bombardier à l'altitude de 10 670 m avant sa mise à feu. Lors de vols différents, l'appareil atteignit une altitude de 107 960 m et une vitesse de pointe de 6 692 km/h.

HOTOL

Moteurs spéciaux

Le groupe propulseur est au centre du projet Hotol : turboréacteur double flux dans l'atmosphère, il se transforme en fusée à oxygène-hydrogène dans l'espace. La métamorphose a lieu à une altitude d'environ 26 000 m et à une vitesse de Mach 5.

Au décollage : tire parti de l'air environnant

Le Bell X-1, avion-fusée supersonique pour hautes altitudes.

Hotol : l'avion-fusée de l'avenir

Hotol (Horizontal Take-Off and Landing) signifie atterrissage et décollage verticaux. Il est destiné à devenir un avion-fusée entièrement opérationnel, capable de décoller et d'atterrir sur une piste normale. Etant donné l'énorme quantité de combustible nécessaire, le poids au décollage sera de 250 000 kg, soit cinq fois celui à l'atterrissage (47 500 kg), et

Fusées classiques

L'altitude n'a guère d'influence sur la poussée d'une fusée spatiale car la vitesse du jet augmente dès que la pression atmosphérique diminue. Les Etats-Unis et l'URSS ont tous deux mis au point des moteurs-fusées pour leurs missiles stratégiques ICBM (Intercontinental Ballistic Missiles) et ont utilisé des versions de ceux-ci pour lancer des satellites et des hommes dans l'espace. Les navettes spatiales actuelles font appel à ce mode de propulsion.

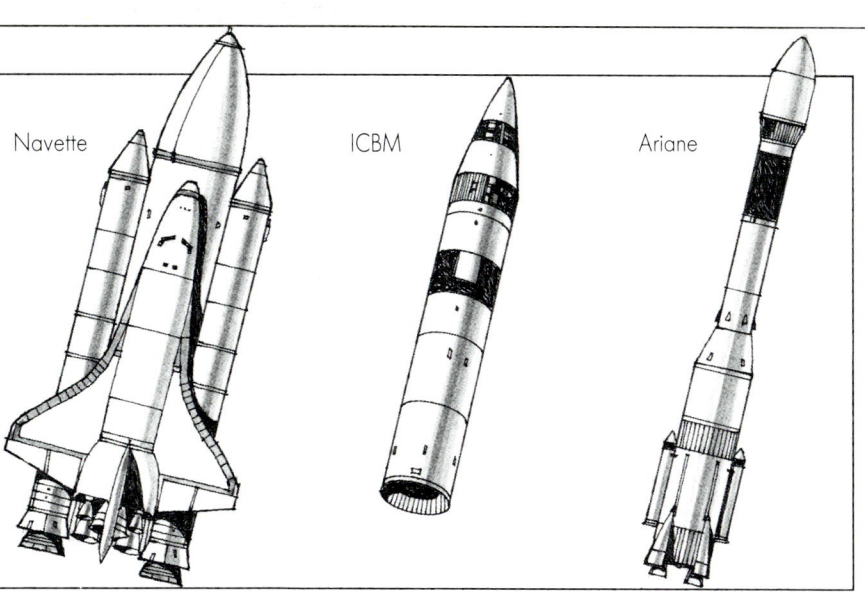

A la lisière de l'espace

Le vol à grande vitesse et à haute altitude impose des contraintes énormes aux avions. Dans ce domaine, un des modèles les plus performants est l'avion de reconnaissance Lockheed SR-71 *Blackbird.* Il a une envergure de 16,94 m et une longueur de 32,7 m. Son poids au décollage est de 77,1 tonnes, dont 11 tonnes de carburant qui lui confèrent une autonomie de 4800 km. Toutefois, il ne décolle généralement pas à charge pleine, étant ravitaillé en vol par un autre appareil. Le record de vitesse officiel du SR-71 est de 3529 km/h et son plafond est d'environ 30480 m.

Morphologie générale

Le Hotol a une longueur totale de 63 m, une envergure de 28,3 m et une hauteur de 12,8 m. Les réservoirs occupent la majeure partie du vaisseau : l'hydrogène se trouve à l'arrière et l'oxygène, à l'avant. Le moteur est monté derrière la soute, qui mesure 7,5 m.

En orbite : utilise l'oxygène liquide et le combustible

A l'atterrissage : profite à nouveau de la présence d'air

un chariot guidé par laser facilitera le décollage du vaisseau. Le train d'atterrissage escamotable sert lors du retour sur terre, et requiert une piste de 1500 m. Le Hotol est conçu pour accomplir des vols automatiques dans un premier temps, puis habités par la suite. Il pourrait placer en orbite équatoriale des charges utiles allant jusqu'à 8000 kg, à une altitude de 300 km.

Le *Blackbird.*

NAVETTES

La suppression de la couche de peinture blanche de finition a permis d'alléger de 270 kg le réservoir externe de la navette américaine.

C'est un joint d'étanchéité défectueux sur un des propulseurs auxiliaires qui a provoqué l'explosion de la navette *Challenger* lors de son 25ème vol.

La première navette soviétique, *Buran*, a accompli son premier vol le 15 novembre 1988.

Après le lancement d'une fusée, la majeure partie de celle-ci retombe dans l'atmosphère où elle se désintègre, à moins qu'elle ne continue sa course et devienne un déchet spatial. Il s'agit là d'un gaspillage coûteux auquel la navette mise au point par la NASA devrait porter remède. L'idée de base est celle d'un vaisseau spatial réutilisable à décollage assisté par fusée et capable d'atterrir en vol plané. L'équipage et les passagers bénéficient d'une cabine pressurisée, laquelle permet de transporter des ingénieurs et des chercheurs sans devoir les soumettre à un entraînement spécifique d'astronaute. La cargaison, y compris les satellites, se trouve dans une soute distincte suffisamment grande pour emporter des charges considérables dans l'espace ou les ramener sur terre. En 1984, la navette *Discovery* a récupéré deux satellites défectueux en orbite afin qu'ils puissent être réparés au sol.

Navettes soviétique et américaine

Les moteurs principaux de la navette constituent le système majeur de propulsion de l'orbiteur. Le combustible est stocké dans un réservoir externe de 47 m de long, largué durant le lancement. Des propulseurs auxiliaires à combustible solide fournissent une poussée supplémentaire au décollage. Ils sont récupérés et réutilisés par la suite. L'orbiteur a à peu près la taille d'un avion de ligne: 37 m de longueur, 24 m d'envergure et 75 tonnes à vide.

La cellule est essentiellement en aluminium, et couverte d'un isolant thermique constitué de carreaux en céramique aux endroits dangereusement exposés. La soute a 18,3 m de longueur et 4,6 m de largeur. Le *Spacelab* est une cargaison de première importance. Arrimé au poste d'équipage, il accueille des équipes de chercheurs.
Quant à la navette soviétique, elle ressemble en de nombreux points à son équivalente américaine,

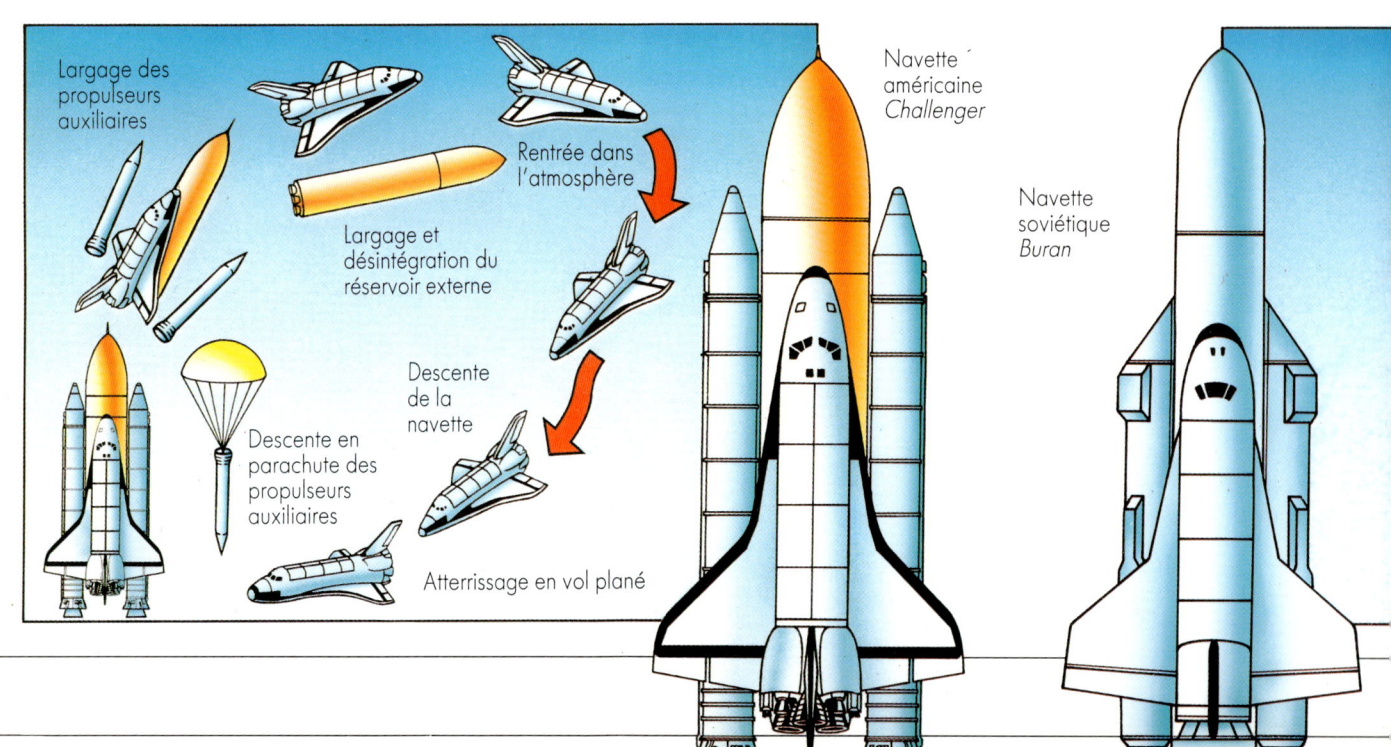

Les émules de la navette

Hermès est un astronef de conception française destiné à desservir des stations spatiales. Il est placé sur une orbite de 400 à 800 km d'altitude par le lanceur Ariane 5. Il peut emporter un équipage de trois personnes et une charge utile de 3 tonnes maximum dans sa soute de 3 mètres de large. Il est équipé d'un groupe bimoteur de manœuvre en orbite, mais est conçu pour atterrir en vol plané après sa rentrée dans l'atmosphère. Les Japonais ont également mûri un projet de navette pour quatre personnes. Il sera lancé par fusée et équipé d'un réacteur pour l'atterrissage. Cosmos, l'avion spatial soviétique, apparaît comme le complément de la navette soviétique. Sa tâche consistera probablement à transporter les cosmonautes entre la Terre et les stations spatiales soviétiques. L'avion spatial pourrait également accomplir des missions de sauvetage dans l'espace.

Mini-navette soviétique Cosmos

Propulseur auxiliaire du Cosmos

étant donné que les deux vaisseaux sont appelés à opérer dans les mêmes conditions. La principale différence est que le modèle soviétique ne dispose pas de moteur de décollage. C'est le propulseur auxiliaire récupérable Energia qui fait office de lanceur. L'orbiteur se prête au fonctionnement automatique et ses moteurs de manoeuvre lui confèrent une capacité de vol limitée dans l'atmosphère.

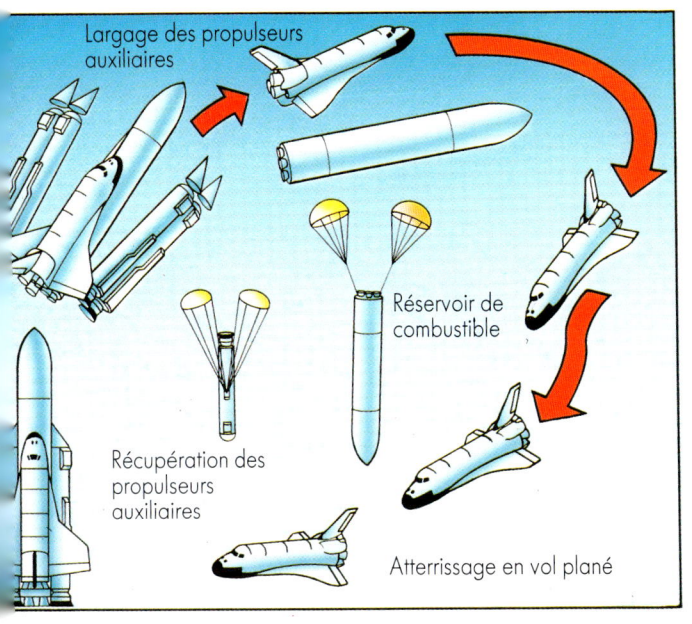

Largage des propulseurs auxiliaires
Réservoir de combustible
Récupération des propulseurs auxiliaires
Atterrissage en vol plané

Hermès vu par un artiste.

LANCEMENT PAR FUSEE

Surmontée du module Apollo, la fusée lunaire *Saturne V* mesure 111 m de hauteur.

Spoutnik 1, le premier satellite, pesait 83,6 kg.

La sonde *Voyager* a atteint Saturne au bout d'un périple de plus de trois ans.

Flanqués de quatre propulseurs auxiliaires, les lanceurs soviétiques *Energia* peuvent placer des charges de plus de 150 tonnes sur une orbite de 200 km.

Les fusées constituent le principal mode de lancement des satellites et des sondes spatiales. Le recours aux étages multiples permet d'accroître la charge utile, celle qui est effectivement emportée dans l'espace. Dans un lanceur triétagé classique, le dernier étage renferme la charge utile qu'il place sur son orbite définitive. Les propulseurs des deux premiers étages sont mis à feu successivement, de façon à ce que le dernier moteur-fusée bénéficie d'une vitesse et d'une altitude suffisantes lors de sa mise à feu. Une fois éteints, les étages sont largués, allégeant d'autant le poids de l'ensemble. Des propulseurs auxiliaires, accolés en botte autour du premier étage, fournissent un surcroît de poussée lors du décollage. L'essentiel du poids d'un lanceur est constitué par l'ensemble du comburant et du combustible, appelé propergol. La charge utile de la fusée Ariane 3 représente seulement 1 % du poids au décollage, auquel s'ajoutent 9 % pour le fuselage. En septembre 1985, quelque 6 000 objets se trouvaient en orbite. Plus de 4 000 d'entre eux n'étaient plus que des déchets spatiaux, en l'occurrence des carcasses de fusées, des panneaux protecteurs et des satellites hors service.

Charges utiles

Etage de décollage

4 fusées *Viking V*. Combustible : l'UH25, c'est-à-dire un mélange d'UDMH (diméthylhydrazine asymétrique) et d'hydrate d'hydrazine. Comburant : tétraoxyde d'azote. 2 propulseurs auxiliaires à propergol solide. Poussée totale : 473 tonnes. Durée de combustion des moteurs principaux : 135 secondes.

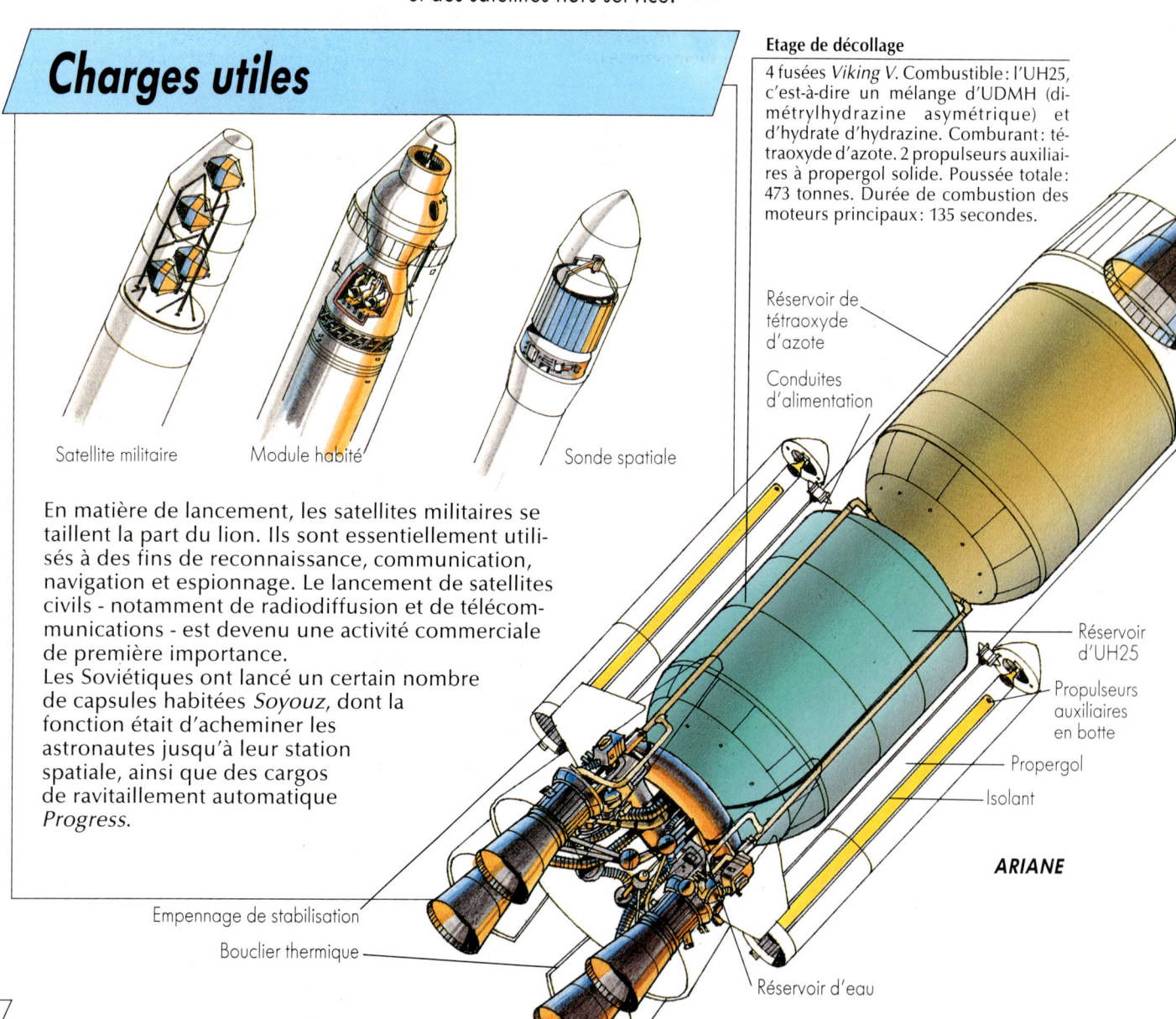

Satellite militaire — Module habité — Sonde spatiale

En matière de lancement, les satellites militaires se taillent la part du lion. Ils sont essentiellement utilisés à des fins de reconnaissance, communication, navigation et espionnage. Le lancement de satellites civils - notamment de radiodiffusion et de télécommunications - est devenu une activité commerciale de première importance.
Les Soviétiques ont lancé un certain nombre de capsules habitées *Soyouz*, dont la fonction était d'acheminer les astronautes jusqu'à leur station spatiale, ainsi que des cargos de ravitaillement automatique *Progress*.

ARIANE

Réservoir de tétraoxyde d'azote
Conduites d'alimentation
Réservoir d'UH25
Propulseurs auxiliaires en botte
Propergol
Isolant
Empennage de stabilisation
Bouclier thermique
Réservoir d'eau

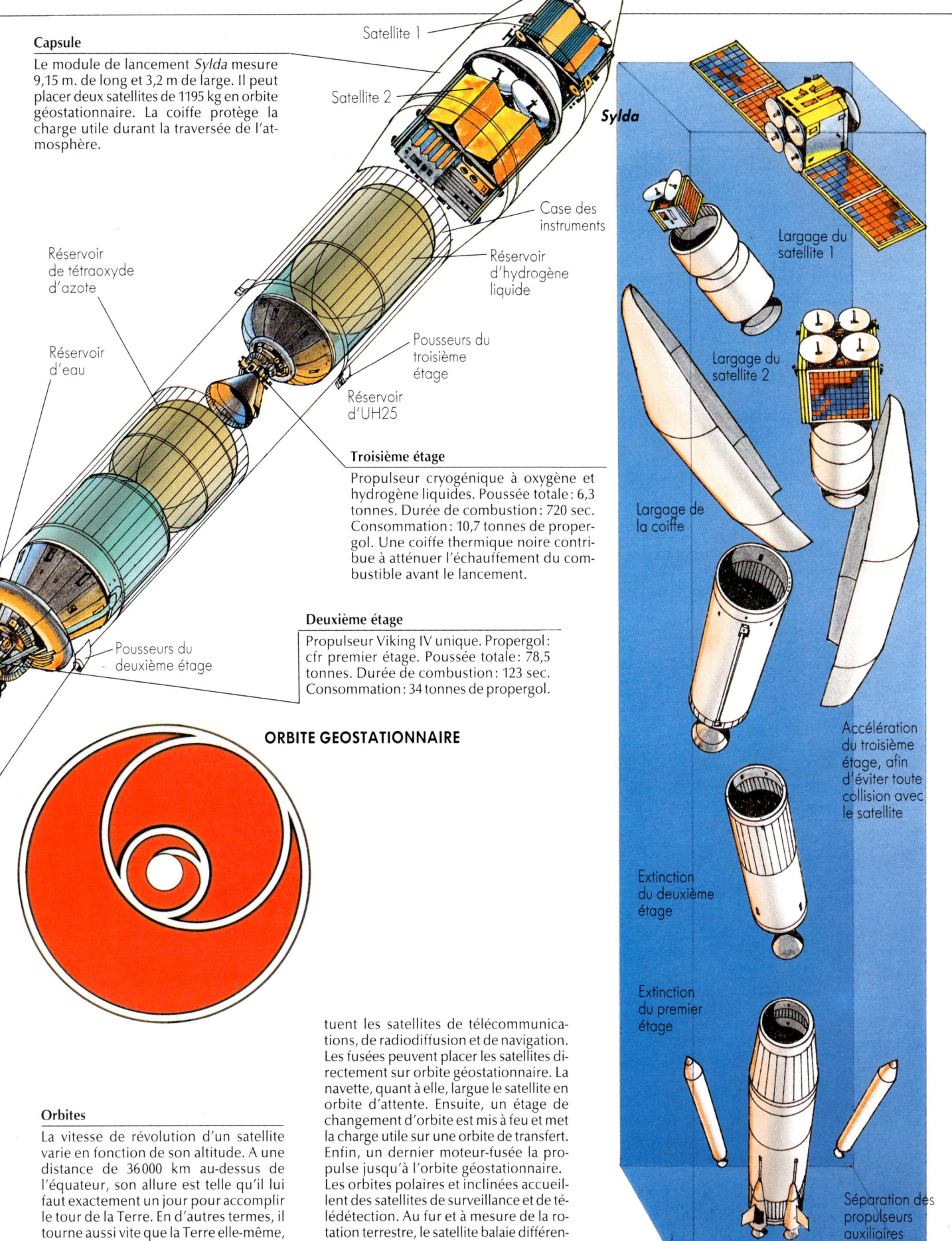

Capsule
Le module de lancement *Sylda* mesure 9,15 m. de long et 3,2 m de large. Il peut placer deux satellites de 1195 kg en orbite géostationnaire. La coiffe protège la charge utile durant la traversée de l'atmosphère.

Troisième étage
Propulseur cryogénique à oxygène et hydrogène liquides. Poussée totale : 6,3 tonnes. Durée de combustion : 720 sec. Consommation : 10,7 tonnes de propergol. Une coiffe thermique noire contribue à atténuer l'échauffement du combustible avant le lancement.

Deuxième étage
Propulseur Viking IV unique. Propergol : cfr premier étage. Poussée totale : 78,5 tonnes. Durée de combustion : 123 sec. Consommation : 34 tonnes de propergol.

ORBITE GEOSTATIONNAIRE

Orbites
La vitesse de révolution d'un satellite varie en fonction de son altitude. A une distance de 36000 km au-dessus de l'équateur, son allure est telle qu'il lui faut exactement un jour pour accomplir le tour de la Terre. En d'autres termes, il tourne aussi vite que la Terre elle-même, si bien qu'il surplombe le même endroit en permanence. C'est ce qu'on appelle l'orbite géostationnaire, à laquelle se situent les satellites de télécommunications, de radiodiffusion et de navigation. Les fusées peuvent placer les satellites directement sur orbite géostationnaire. La navette, quant à elle, largue le satellite en orbite d'attente. Ensuite, un étage de changement d'orbite est mis à feu et met la charge utile sur une orbite de transfert. Enfin, un dernier moteur-fusée la propulse jusqu'à l'orbite géostationnaire. Les orbites polaires et inclinées accueillent des satellites de surveillance et de télédétection. Au fur et à mesure de la rotation terrestre, le satellite balaie différentes bandes de territoire. Finalement, la juxtaposition de celles-ci aboutit à une couverture complète.

FUSEES MILITAIRES

Les fusées militaires construites par l'Anglais Congreve avaient une portée de 4500 m. Lors du bombardement de Copenhague en 1807, plus de 5000 d'entre elles s'abattirent sur la ville.

Le V-1 allemand était un missile de croisière rudimentaire volant à la vitesse de 900 km/h.

Les missiles nucléaires stratégiques recèlent une terrifiante capacité de destruction. Certains d'entre eux sont munis d'ogives dont la force explosive atteint plusieurs mégatonnes. Les missiles balistiques intercontinentaux (ICBM) ont une portée d'au moins 8000 km et atteignent en vol une altitude d'environ 1600 km. Les missiles sol-air et air-mer sont équipés de têtes explosives et de propulseurs qui fonctionnent pendant toute la durée du vol. Ils font souvent appel à des moteurs-fusées à propergol solide. Armés de puissantes ogives, les missiles de croisière sont des avions sans pilote qui volent en rase-mottes pour échapper aux radars.

MIRV

Le système MIRV (Multiple Independent Reentry Vehicle ou missiles à ogives multiples orientables) autorise un missile unique à larguer plusieurs ogives. Le propulseur place le cône de charge renfermant celles-ci, le «bus», sur une trajectoire balistique, et un système de guidage l'éloigne de la course initiale du missile. Ensuite, le bus largue les différentes ogives ainsi que des leurres. Elles rentrent alors dans l'atmosphère pour se diriger vers des cibles distinctes. Les missiles américains Peacekeeper (MX) sont équipés de dix ogives d'une puissance de 500 kilotonnes chacune. Leur système de guidage assure une explosion à moins de 40 m de l'objectif. Les ICBM peuvent être lancés à partir de transporteurs routiers mobiles ou de trains, ou encore être logés dans des silos souterrains à l'abri des attaques. Le lancement à froid fait appel à un propergol distinct pour l'éjection hors du silo avant la mise à feu proprement dite. Ce procédé permet de recharger rapidement le silo à l'aide d'un autre missile. Une technique similaire est utilisée pour le lancement de missiles à partir de sous-marins. Ce dernier type d'arme est difficile à détecter, mais sa précision se limite en général à 500 m environ.

LANCEMENT A FROID

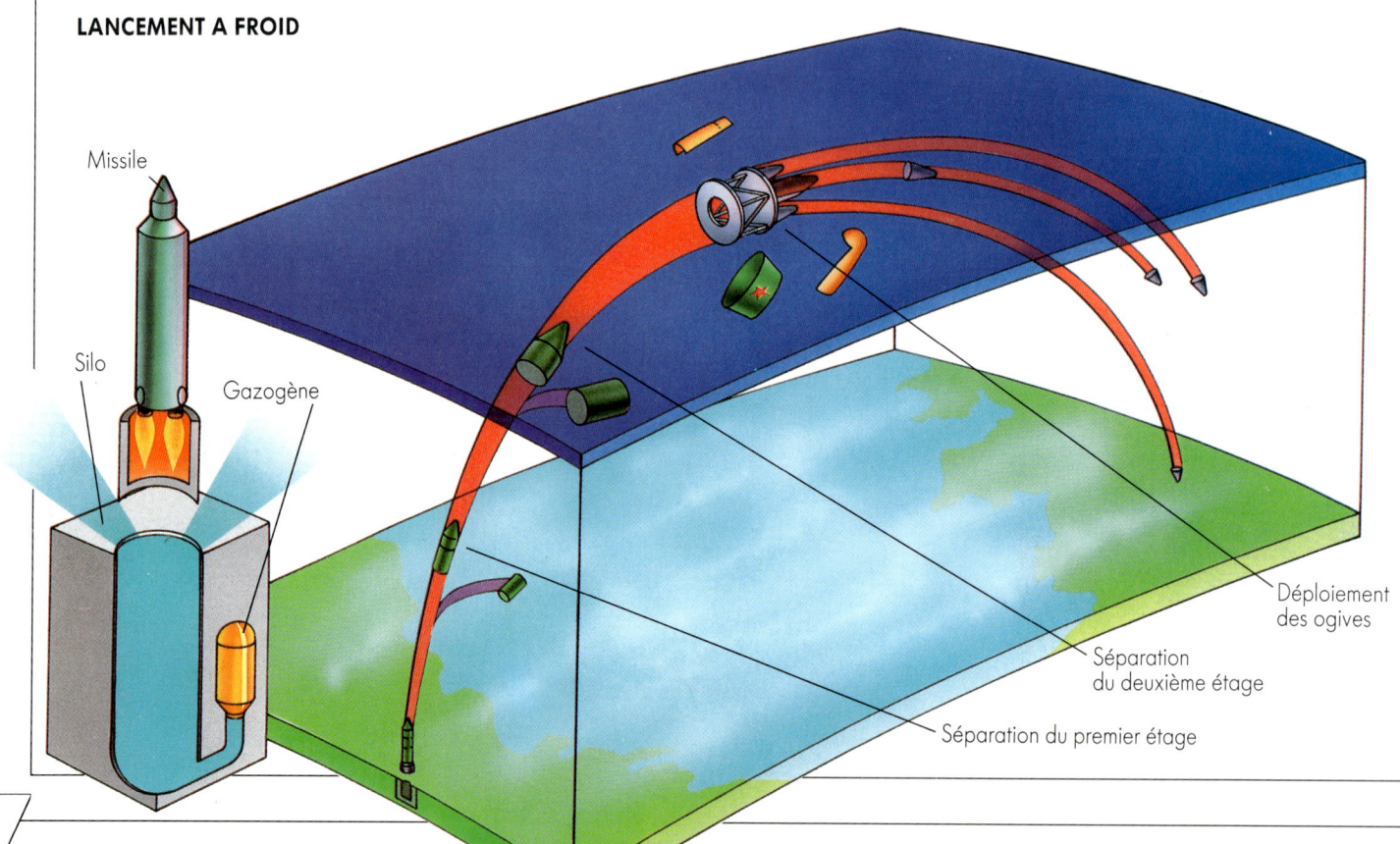

La guerre des étoiles

L'Initiative de Défense Stratégique, surnommée guerre des étoiles, est un programme américain de défense contre les missiles nucléaires. La durée de vol d'un ICBM est d'environ 25 minutes et la vitesse des ogives (25 000 km/h) en fait des cibles très difficiles à atteindre. Le meilleur moment pour attaquer un missile se situe entre la phase de propulsion et le largage des ogives. Cet intervalle dure environ cinq minutes, pendant lesquelles il faudrait venir à bout de plusieurs milliers de missiles en cas d'offensive de grande envergure. Un tel bouclier anti-missiles pourrait comprendre des stations orbitales de combat munies de lasers chimiques et à rayons X, des canons sur rails tirant de petites billes de métal à la vitesse de 100 km/s ainsi que des missiles intercepteurs. Il est plus malaisé de détruire les ogives séparément, d'autant plus que des capteurs sophistiqués seraient nécessaires pour distinguer les têtes explosives des leurres. Des batteries de lasers et de missiles interviendraient également à ce stade.

Un satellite anti-missile équipé de canons laser.

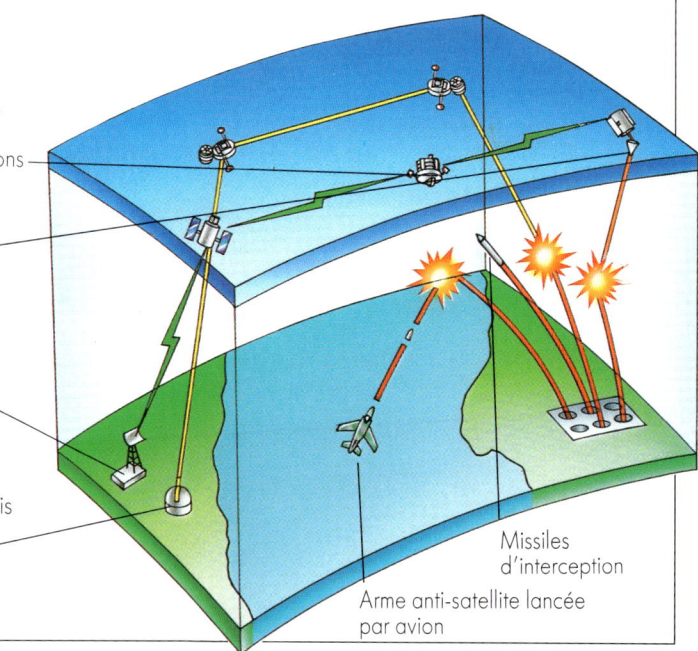

L'HOMME DANS L'ESPACE

Le premier vol habité dans l'espace fut effectué par Youri Gagarine, qui accomplit une révolution en orbite d'une durée de 1h 48 min.

La fusée américaine *Saturn V* a envoyé trois astronautes sur la Lune, dont deux en ont effectivement touché le sol.

La conquête de l'espace est la dernière grande aventure humaine, et elle se déroule directement sous les yeux du public. Des millions de personnes regardèrent à la télévision le premier pas sur la Lune de l'Américain Neil Armstrong - et ils furent tout aussi nombreux à assister à l'explosion de la navette américaine *Challenger* en janvier 1986, qui causa la mort des sept membres de l'équipage. Le lancement et la récupération du vaisseau sont les phases les plus critiques d'un vol habité, bien qu'une surveillance assidue soit nécessaire à tous les stades. A mesure que le séjour se prolonge, le risque de lésions physiques augmente en situation de faible gravité ou d'apesanteur. Les astronautes tentent d'y remédier par des exercices réguliers.

Fusées habitées

Les capsules soviétiques *Soyouz* sont des vaisseaux triplacés lancés par fusée qui servent à transporter les cosmonautes de la Terre aux stations spatiales *Salyout* et *Mir* et vice versa. La récupération débute par le freinage de l'appareil au moyen d'un rétro-propulseur. Vient ensuite la séparation du module orbital et de la case des instruments, qui se désintègrent dès leur rentrée dans l'atmosphère. Quant à la capsule, elle est protégée durant cette phase critique par un bouclier thermique qui absorbe la chaleur produite par le frottement de l'air. A une altitude d'environ 10 000 m, le principal parachute de récupération se déploie, le bouclier thermique est largué et des rétro-fusées préparent un atterrissage en douceur.

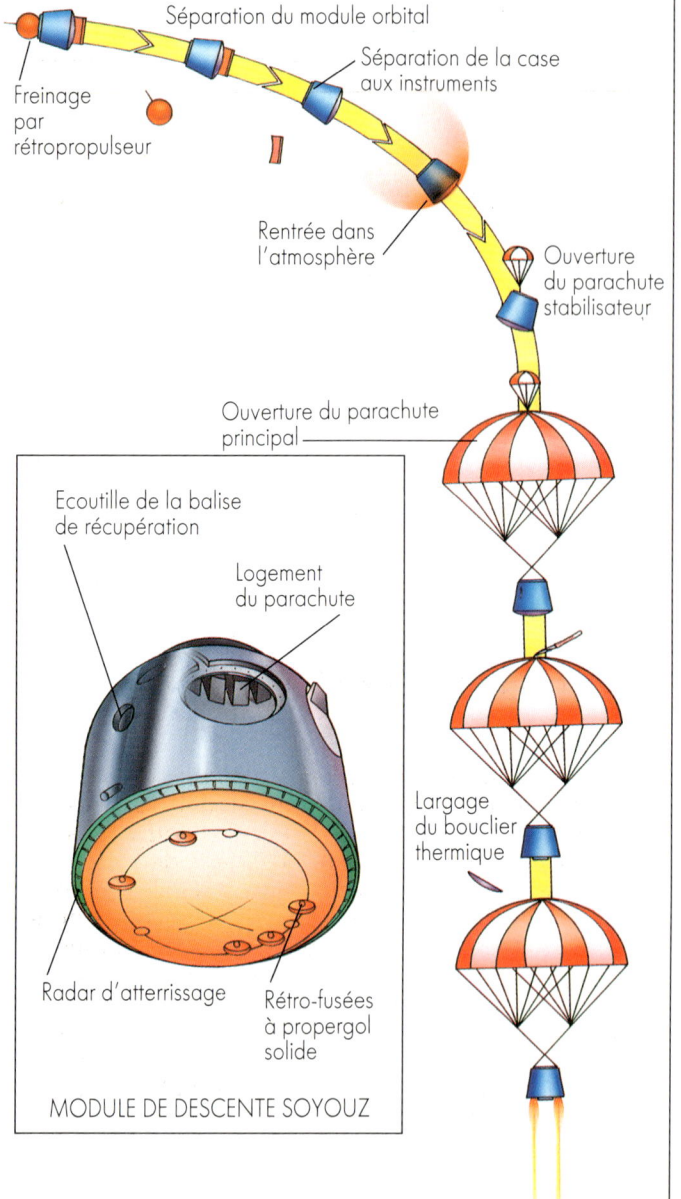

La station spatiale soviétique *MIR*.

Fusées interplanétaires

Tout voyage interplanétaire s'exécute en deux phases : le vol propulsé, c'est-à-dire l'accélération progressive jusqu'à la vitesse de croisière, et le vol inertiel, durant lequel l'engin continue sur sa lancée, en suivant une orbite elliptique. L'idéal est de lancer les sondes à un moment où les positions respectives des planètes permettent de minimiser la durée du trajet. Un vol habité vers Mars durerait approximativement deux ans, en fonction de l'angle Soleil-Terre-Mars (conjonction). A l'origine, le projet américain prévoyait le recours à un propulseur nucléaire développant une poussée de 90 700 kg. Dans le moteur Nerva, l'injection d'hydrogène à travers le cœur d'un réacteur nucléaire produit un jet ultrarapide à très haute température. Grâce à ce procédé, le vaisseau n'aurait plus à transporter de considérables réserves de comburant en plus du combustible. Néanmoins, des plans de vol plus récents projettent de faire appel à des moteurs-fusées classiques à propergol liquide.

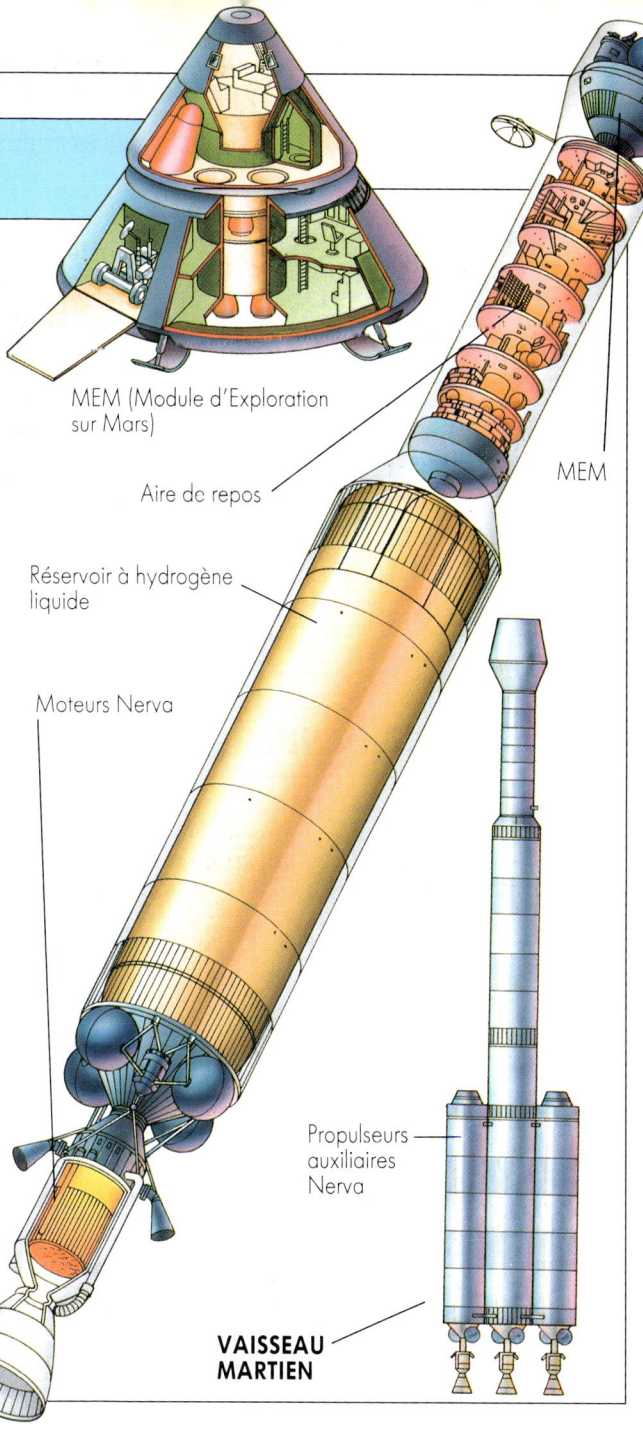

MEM (Module d'Exploration sur Mars)

MEM

Aire de repos

Réservoir à hydrogène liquide

Moteurs Nerva

Propulseurs auxiliaires Nerva

VAISSEAU MARTIEN

Une sonde électrosolaire met le cap sur Vénus.

Fusées interstellaires

Un vaisseau propulsé par des moteurs-fusées actuels nécessiterait des centaines de milliers d'années pour atteindre l'étoile la plus proche, Alpha du Centaure, qui se situe à 40 milliards de kilomètres de notre système solaire. Les voyages interstellaires requerront des moteurs-fusées d'un type nouveau, capables de produire une poussée continue. Le projet Orion envisage une série d'explosions nucléaires qui propulseraient l'astronef par impulsions successives. Ces difficultés n'ont pas empêché le lancement de vaisseaux dans l'espace. Les sondes *Pioneer 10* et *11* sont passées au large de Jupiter et Saturne et sont en train de quitter notre système solaire à une vitesse de plus de 300 millions de kilomètres par an.

La sonde spatiale *Pioneer 11* frôle Saturne.

MODES DE PROPULSION

Les moteurs à pistons Rolls Royce Merlin V-12 27 litres développaient une puissance maximale de 2640 cv.
Le moteur à réaction inventé par Frank Whittle fonctionna pour la première fois en 1937 et fut essayé sur un prototype, le Gloster, en 1941.
Le turboréacteur double flux Pratt & Whitney PW4060 a une poussée de 27 220 kg.

La mise au point de groupes motopropulseurs performants a joué un rôle déterminant dans l'accroissement de la vitesse, du rayon d'action et de la fiabilité des avions. Les turbines à gaz - couramment appelées réacteurs - sont les moteurs les plus usités à l'heure actuelle. Elles assurent la propulsion soit par poussée directe soit par le truchement d'hélices ou de soufflantes (turboréacteurs double flux). Le moteur construit par les frères Wright pour leur premier vol développait seulement 12 cv. Chaque Rolls Royce RB211B d'un Boeing 747 a une poussée de 24 500 kg, ce qui correspond à une puissance de plus de 20 000 cv.

Les pales d'une hélice sont profilées de manière à exercer, lors de leur rotation, une force de traction à l'avant (dépression) et de poussée à l'arrière (accélération de l'air). Les hélices à pas variable permettent de modifier l'angle d'incidence des pales. Un pas fin garantit une poussée maximale au décollage tandis qu'un pas gros convient pour le vol de croisière. En produisant une poussée vers l'avant, le pas inversé assure un freinage supplétif à l'atterrissage. A grande vitesse, le rendement d'une hélice chute en raison de l'approche d'une vitesse sonique à l'extrémité des pales. C'est pourquoi les appareils à hélices ne dépassent généralement pas 800 km/h.

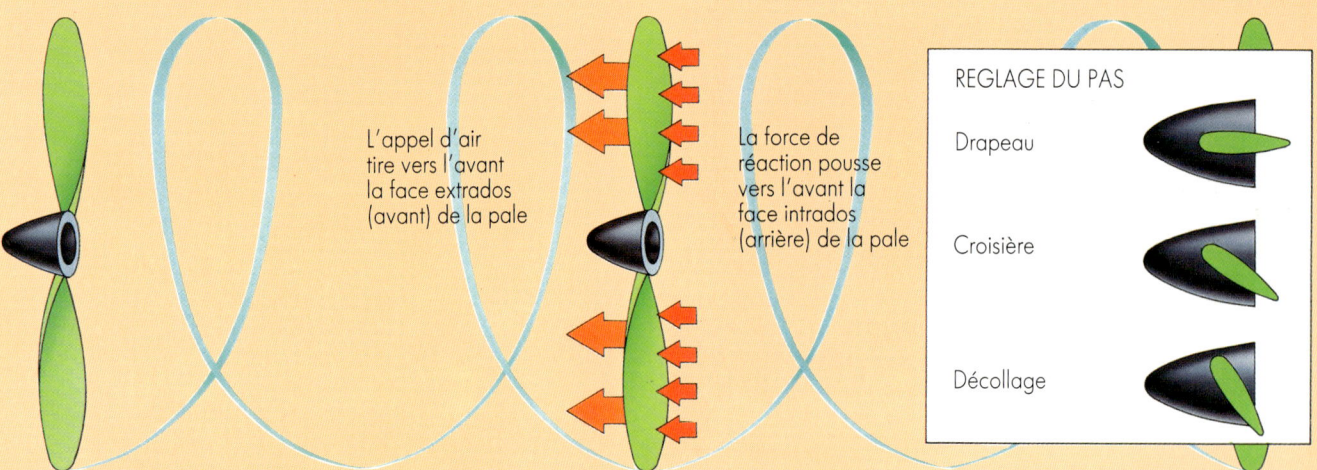

L'appel d'air tire vers l'avant la face extrados (avant) de la pale

La force de réaction pousse vers l'avant la face intrados (arrière) de la pale

REGLAGE DU PAS
- Drapeau
- Croisière
- Décollage

Les moteurs à pistons sont très usités pour les avions légers et relativement lents. A titre d'exemple, des modèles tels que l'Avco Lycoming IO-720 développent une puissance maximale de 400 cv. Le Porsche PFM 3200 s'inspire du moteur automobile de sport 911S. C'est un modèle 3,2 litres, six cylindres opposés, refroidi par air. Compact et léger, il a une puissance de 210 cv.

Turboréacteur monoflux
Le turboréacteur monoflux est la formule la plus simple de turbine à gaz. Le flux d'air passe entièrement par la chambre de combustion et en sort sous la forme d'un jet à grande vitesse se prêtant idéalement au vol supersonique.

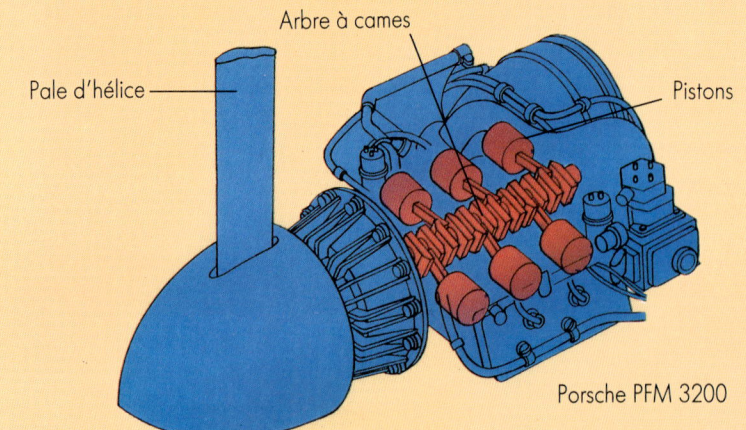

Pale d'hélice — Arbre à cames — Pistons

Porsche PFM 3200

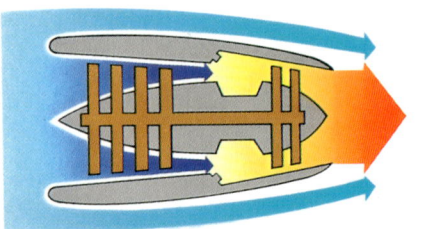

Turboréacteur monoflux

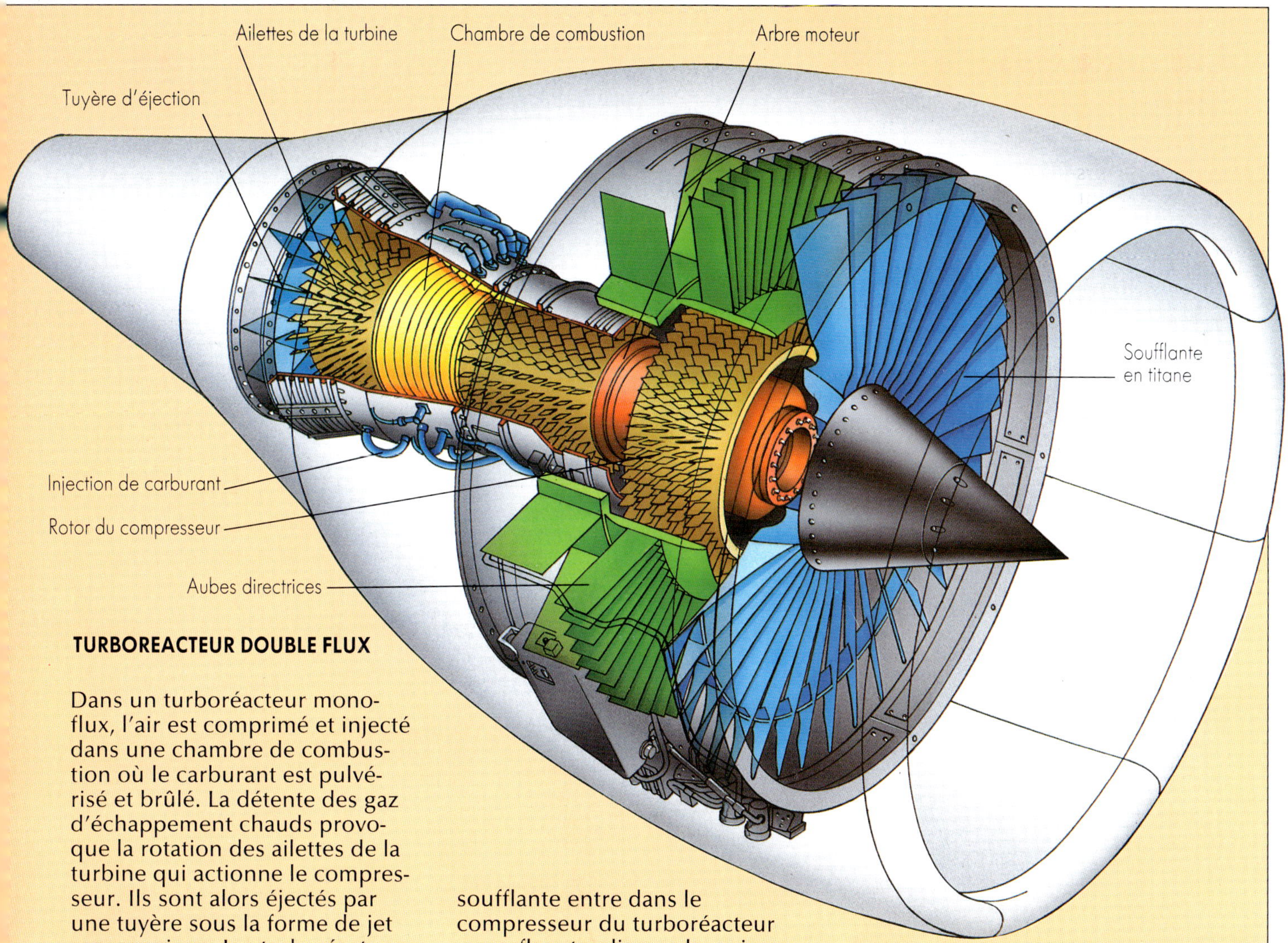

Ailettes de la turbine — Chambre de combustion — Arbre moteur

Tuyère d'éjection

Soufflante en titane

Injection de carburant

Rotor du compresseur

Aubes directrices

TURBORÉACTEUR DOUBLE FLUX

Dans un turboréacteur monoflux, l'air est comprimé et injecté dans une chambre de combustion où le carburant est pulvérisé et brûlé. La détente des gaz d'échappement chauds provoque la rotation des ailettes de la turbine qui actionne le compresseur. Ils sont alors éjectés par une tuyère sous la forme de jet supersonique. Les turboréacteurs double flux sont constitués d'un turboréacteur monoflux pourvu d'une turbine supplémentaire qui actionne une soufflante de grand diamètre placée à l'avant du moteur. Une petite proportion du débit d'air issu de la soufflante entre dans le compresseur du turboréacteur monoflux, tandis que la majeure partie s'écoule autour de celui-ci. Ce flux secondaire se mélange ensuite au flux principal, composé de gaz de combustion. Il en résulte un ralentissement et un accroissement de volume du débit d'air, ce qui permet un meilleur rendement propulsif à vitesse subsonique. Les turboréacteurs double flux allient la puissance du turboréacteur à la faible consommation et au niveau de bruit peu élevé des moteurs à hélice.

Turboréacteur double flux
Les turboréacteurs double flux sont fiables et peu gourmands en carburant. Ils sont souvent produits par gammes entières : la série RB211 de Rolls Royce va de 17 000 kg à 33 600 kg de poussée.

Turbopropulseur
Dans un turbopropulseur, la turbine actionne une hélice montée à l'avant du moteur par le truchement d'un réducteur de vitesse (système démultiplicateur). Ils se prêtent aux vitesses inférieures à 800 km/h.

Turbohélice à pales incurvées
Actionnées par la turbine du réacteur, les hélices à pales incurvées restent performantes jusqu'à la vitesse de 1000 km/h.

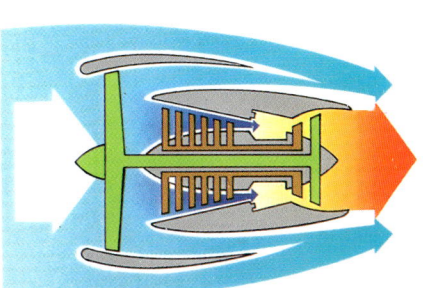
Turboréacteur double flux

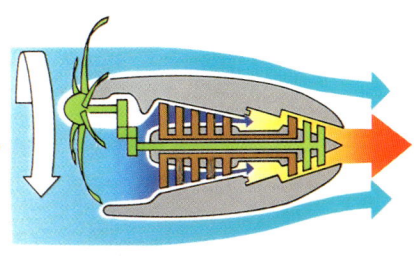
Turbopropulseur

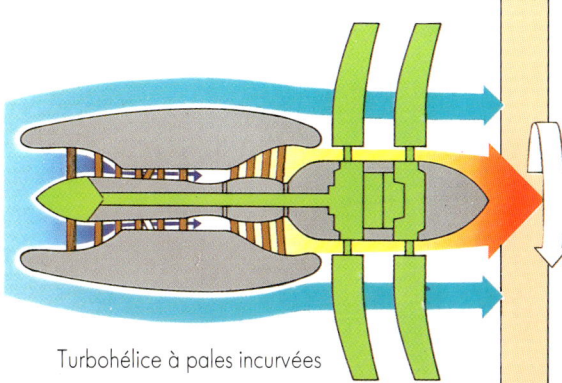
Turbohélice à pales incurvées

PROPULSION PAR FUSEE

Les Chinois utilisaient des fusées à poudre à canon dès le XIe siècle.

Robert Goddard lança la première fusée à propergol liquide (essence + oxygène) en 1926. Elle parcourut la distance de 56 m.

La plupart des moteurs font appel à l'oxygène de l'air pour brûler leur combustible. Par contre, dans les fusées, l'oxygène provient d'un comburant transporté en plus du combustible, si bien qu'elles sont à même d'évoluer dans les couches élevées de l'atmosphère et dans le vide intersidéral. Dans les fusées à propergol solide, le combustible et le comburant sont mélangés et compactés à l'intérieur du corps du propulseur. Une fois allumé, le bloc brûle jusqu'à épuisement total. Dans les fusées à propergol liquide, les deux ergols se trouvent dans des réservoirs de stockage séparés, d'où ils sont pompés puis injectés dans la chambre de combustion.

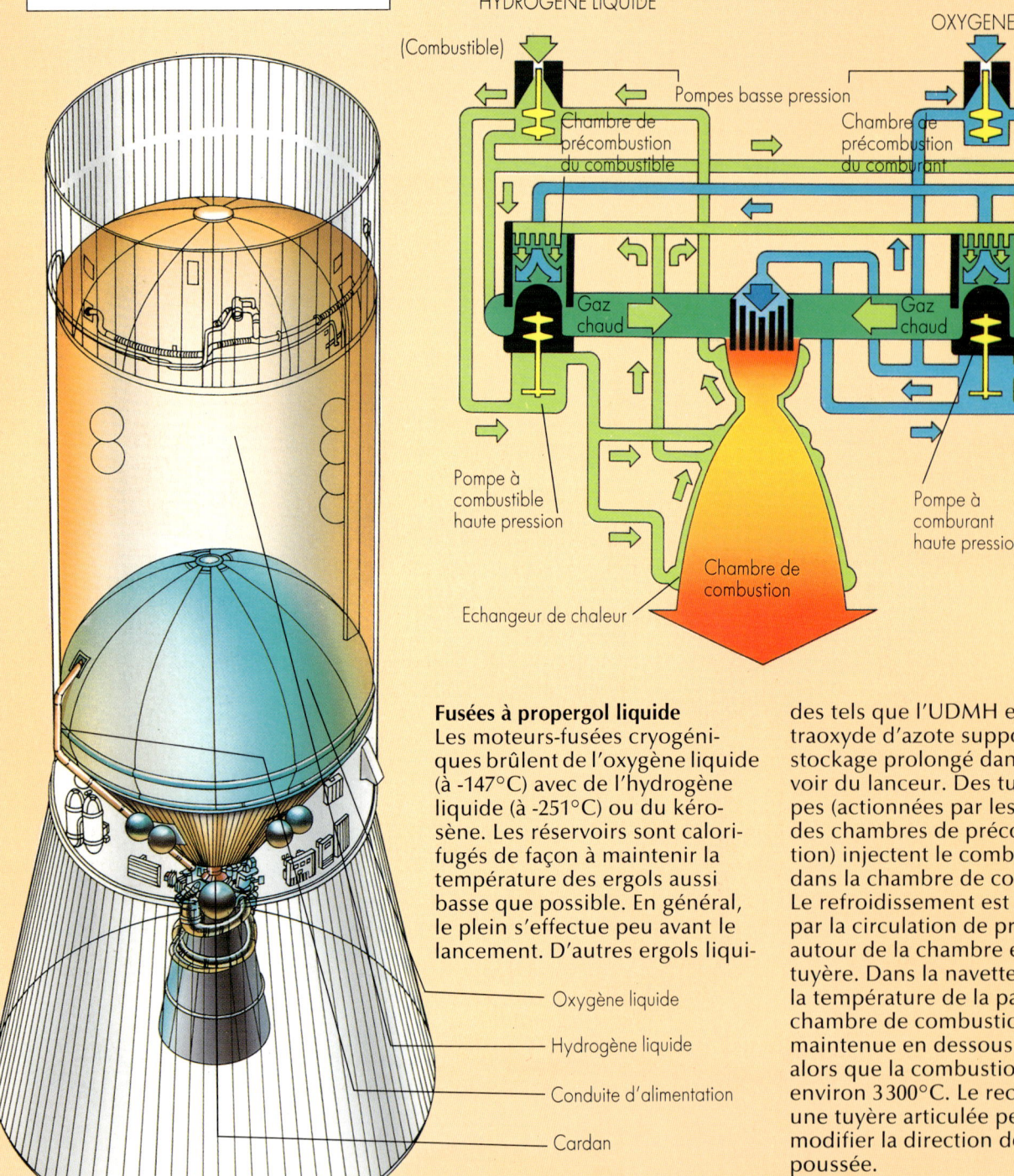

Fusées à propergol liquide
Les moteurs-fusées cryogéniques brûlent de l'oxygène liquide (à -147°C) avec de l'hydrogène liquide (à -251°C) ou du kérosène. Les réservoirs sont calorifugés de façon à maintenir la température des ergols aussi basse que possible. En général, le plein s'effectue peu avant le lancement. D'autres ergols liquides tels que l'UDMH et le tétraoxyde d'azote supportent un stockage prolongé dans le réservoir du lanceur. Des turbopompes (actionnées par les gaz issus des chambres de précombustion) injectent le combustible dans la chambre de combustion. Le refroidissement est assuré par la circulation de propergols autour de la chambre et de la tuyère. Dans la navette spatiale, la température de la paroi de la chambre de combustion est maintenue en dessous de 600°C, alors que la combustion produit environ 3 300°C. Le recours à une tuyère articulée permet de modifier la direction de la poussée.

Les astronefs et les satellites manoeuvrent dans l'espace au moyen de petits moteurs-fusées à propergol liquide. Ils font parfois appel à un carburant unique, appelé monergol, tel l'hydrazine ou le péroxyde d'hydrogène (eau oxygénée). Leur décomposition au contact d'un catalyseur produit un flux de gaz chaud. Toutefois, ces fusées de pilotage ont un réservoir de petite taille, ce qui contribue pour une grande part à réduire la durée de fonctionnement des satellites en orbite basse. Le fauteuil spatial de la navette se propulse par jets de gaz. Il compte au total 24 microtuyères alimentées par deux réservoirs renfermant 11,9 kg d'azote chacun. Des commandes manuelles permettent de choisir la combinaison de jets qui correspond à la manœuvre souhaitée.

ARIANE
- Propulseurs du 1er étage
- Propulseurs du 2e étage
- Propulseurs du 3e étage
- Réservoirs à UH25
- Tétraoxyde d'azote
- Oxygène liquide
- Hydrogène liquide
- Propulseurs auxiliaires en botte

NAVETTE
- Propulseurs principaux
- Réservoirs externes
- Propulseurs auxiliaires
- Propergol de l'orbiteur
- Oxygène liquide
- Hydrogène liquide
- Propergol solide

Fusées à propergol solide
Les fusées à propergol solide peuvent être mises à feu instantanément et équipent donc de nombreux missiles. Autre application importante: les propulseurs auxiliaires des lanceurs spatiaux. Ceux de la navette font appel à du perchlorate d'aluminium comme comburant et à de la poudre d'aluminium comme combustible. Un catalyseur, l'oxyde de fer, contrôle la combustion, et un liant plastique - faisant également office de combustible - assure la cohésion des matériaux. Chaque propulseur pèse 589,67 tonnes et développe une poussée au décollage de 1497 tonnes. La forme des blocs de propergol garantit une réduction de la poussée après cette première phase. Après une combustion de 127 secondes, l'explosion d'une charge libère les propulseurs auxiliaires du réservoir externe. Immédiatement, des fusées de séparation les éloignent du vaisseau. Ils suivent alors une trajectoire balistique et retombent sur terre. Un jeu de trois parachutes freine leur descente, qui se termine dans l'océan à environ 250 km du site de lancement.

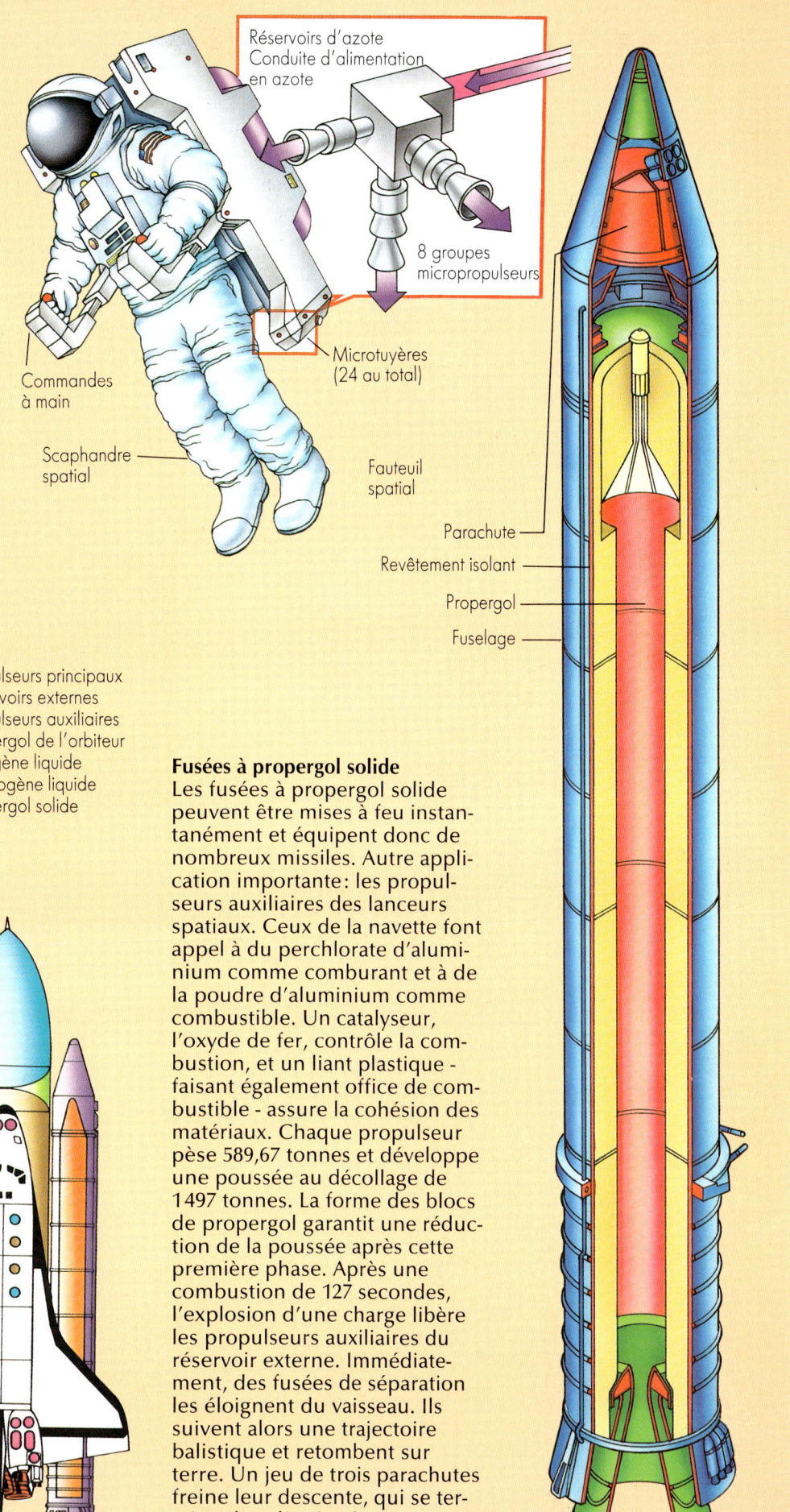

33

RECORDS AERIENS ET SPATIAUX

Dès les débuts de l'aviation, les constructeurs et les pilotes ont tenté de démontrer que leur propre avion était le plus rapide ou possédait le plus grand rayon d'action. Des essais officiels tels que le concours d'hydravions du Schnieder Trophy eurent un impact déterminant sur la conception et les performances des premiers aéronefs. Par ailleurs, certains vols entrepris par les pionniers de l'aviation jetèrent les bases des lignes régulières à venir. Les tensions durant les deux guerres mondiales et la guerre froide qui s'ensuivit influencèrent aussi considérablement les progrès du «plus lourd que l'air». Seuls sont mentionnés en général les records de vitesse et d'altitude d'avions qui décollent à l'aide de leur(s) propre(s) moteur(s). Les avions parasites, emportés et largués en vol par un avion porteur, dit composite, réalisent les meilleures performances. La conquête de l'espace fut jalonnée de multiples tentatives. La course de vitesse entre les Etats-Unis et l'URSS atteignit son point culminant durant les années 60 et 70. Toutefois, le coût exorbitant de l'exploration spatiale a récemment entraîné un ralentissement de cette compétition. Les premiers vols habités dans l'espace ne duraient que quelques heures. Peu à peu, cette période s'est étendue à plusieurs jours. Actuellement, les astronautes peuvent demeurer dans l'espace pendant un an sans grandes difficultés.

RECORDS AERIENS

Premier vol dirigé à moteur : Orville et Wilbur Wright (USA), 36,5 m, durée 12 sec, 1903.

Première traversée de la Manche : Louis Blériot (France), sur son *Blériot-XI*, durée 36 min 30 sec, 1909.

Première traversée sans escale de l'Atlantique : Capitaine John Alcock et lieutenant Arthur Brown (Royaume-Uni), sur un Vickers *Vimy*, 1919.

Première traversée sans escale en solitaire de l'Atlantique : Capitaine Charles Lindbergh (USA) sur le *Spirit of St Louis*, 1927.

Première traversée sans escale du Pacifique : Major Clyde Pangborn et Hugh Herndon (USA), sur le *Miss Veedol*, 1931.

Premier vol régulier pour passagers en avion supersonique : *Concorde* (France et Royaume-Uni), 1976.

Record officiel de vitesse dans l'atmosphère : 3 529,56 km/h, par le capitaine Eldon Joersz et le major George Morgan (USA), sur un *Lockheed* SR-71A, 1976.

Record officiel d'altitude avec décollage au sol : 37 650 m, par Alexandre Fedotov (URSS), sur un MIG-25, 1977.

Premier tour du monde sans ravitaillement : Dick Rutan et Jeana Yeager (USA), sur le *Voyager*, 1986.

Voyager détient le record du monde de distance.

RECORDS SPATIAUX

Premières fusées à usage militaire : la poudre à canon servait à propulser ces roquettes chinoises qui furent décrites pour la première fois en 1042.

Première fusée moderne : V2 lancés par l'Allemagne contre l'Angleterre, 1944.

Premier satellite : *Spoutnik 1*, de fabrication soviétique, 1957.

Premier homme dans l'espace : le lieutenant Youri Gagarine accomplit une révolution complète en orbite, 1961.

Premier satellite de télécommunications : *Telstar* (USA), 1962.

Première femme dans l'espace : Valentina Terechkova (URSS), 1963.

Première sortie dans l'espace : Alexi Leonov (URSS), 1965.

Premier homme sur la Lune : *Apollo II* (USA) emporte un module lunaire. Neil Armstrong devient le premier homme à poser le pied sur la Lune, 1969.

Première sonde à destination de Jupiter, Saturne et Uranus : *Voyager 2* (USA), 1977.

Premier vol d'une navette spatiale : *Columbia* (USA), 1981.

Plus long vol spatial habité : Vladimir Titov et Musa Manarov (URSS), 365 jours à bord de la station orbitale MIR.

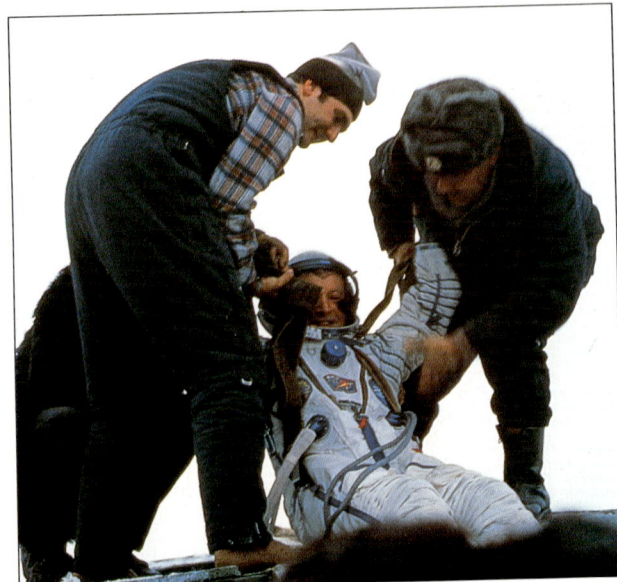

Cosmonaute soviétique après un séjour d'un an dans l'espace.

GLOSSAIRE

ablatif: se dit d'un matériau qui protège une surface contre un échauffement excessif tel celui auquel est exposé un astronef lors de sa rentrée dans l'atmosphère.

ADAC: avion à décollage et atterrissage courts.

ADAV: avion à décollage et atterrissage verticaux.

aérodynamique: étude des forces et phénomènes accompagnant tout mouvement relatif entre un corps et l'air ou le gaz où il baigne.

aileron: volet articulé placé à l'arrière de l'aile d'un avion. L'actionnement en sens opposé des ailerons situés de part et d'autre du fuselage imprime un mouvement de roulis à l'appareil.

apogée: point de l'orbite d'un satellite où il se trouve à la plus grande distance de la Terre.

ascendance thermique: relative à la température.

balistique: étude de la trajectoire des projectiles.

charge utile: charge supplémentaire pouvant être transportée en plus de celle nécessaire au fonctionnement d'un aéronef ou d'une fusée.

convertible: appareil plus lourd que l'air qui utilise des rotors au décollage (à la façon d'un hélicoptère) puis prend une configuration à voilure fixe pour le vol de croisière.

cryogénique: relatif à une température inférieure à -195,6°C, le point d'ébullition de l'azote liquide.

décrochage: décollement du flux d'air adjacent à un plan de sustentation entraînant une soudaine perte de portance.

dirigeable: appareil plus léger que l'air doté d'un mode de propulsion autonome et d'un système de pilotage.

fente: interstice situé entre une aile et un plan de sustentation secondaire ou volet. La fente guide le flux d'air qui la traverse. Ce dernier s'écoule sur la surface de l'aile et retarde l'apparition du décrochage.

fusée: moteur à réaction emportant ses propres réserves de combustible et de comburant.

gouverne de profondeur: volet articulé situé à l'arrière de l'empennage d'un avion, responsable des mouvements de tangage.

hypersonique: se dit d'une vitesse de cinq fois supérieure à la vitesse du son.

Mach: rapport numérique entre la vitesse d'un aéronef (ou tout autre objet) et la vitesse du son en cet endroit. La vitesse du son dans l'air varie en fonction de la température (elle est plus faible en haute altitude, là où l'air est plus froid). Elle oscille entre environ 1225 km/h dans l'air chaud au niveau de la mer et quelque 1060 km/h en haute altitude.

missile stratégique: missile conçu pour attaquer le territoire et l'infrastructure industrielle d'un ennemi. Généralement muni d'ogives thermonucléaires.

missile tactique: missile conçu pour des opérations tactiques, c'est-à-dire afin d'attaquer les forces ennemies en cours de bataille. Il peut être muni d'ogives classiques ou nucléaires ou transporter des armes chimiques.

monergol: carburant pour fusée pouvant produire une poussée sans l'adjonction d'une deuxième substance.

NASA: National Aeronautics and Space Administration, organisme américain responsable des activités spatiales.

ogive: partie d'un missile qui contient la charge explosive chimique ou nucléaire.

périgée: point de l'orbite d'un satellite où il se trouve à la distance la plus courte de la Terre.

plan de sustentation: corps profilé de façon à ce que son déplacement par rapport à un gaz produise une force (portance) perpendiculaire à l'avancement.

portance: composante de la force aérodynamique produite par l'écoulement de l'air sur un corps (une aile par ex.) et s'exerçant perpendiculairement au flux d'air non perturbé.

propergol: mélange de combustible et de comburant brûlé dans un moteur-fusée afin de produire une poussée.

propulseur auxiliaire: fusée d'appoint accolée à un lanceur spatial.

rétrofusées: fusée servant au freinage ou au recul d'un astronef.

satellite: objet gravitant en orbite autour d'un autre corps. Décrit généralement un satellite artificiel lancé par une fusée.

supersonique: se dit d'une vitesse supérieure à celle du son.

trajectoire: ligne décrite par un corps, tel qu'un obus ou une fusée, se déplaçant dans l'espace.

U.L.M.: petit avion à moteur pesant moins de 150 kg à vide.

vitesse du son: voir Mach

vitesse de libération: vitesse requise pour qu'un objet échappe à l'attraction d'un corps céleste. Pour la Terre, elle est, au niveau du sol, de 11,2 km/s et est égale à 2,4 km/s pour la Lune.

volets: gouvernes articulées situées sur une aile.

INDEX

Toutes les entrées en caractères gras figurent dans le Glossaire.

ADAC 11, **35**
ADAV 9, **35**
ailerons 7, **35**
Airbus 7, 8, 10
angle d'attaque 6, 7
Antanov AN-124 11
Ariane 21, 24, 33
armements 14, 15, 17, 26, 27
Armstrong, Neil 3, 28
ascendances thermiques 12, **35**
astronautes 28, 34
aérodynamique **35**
aéronefs, types d' 4, 5
aéroport 18, 19
autogires 9
aviation militaire 4, 5, 8, 14-17
avion furtif 15
avion furtif F-117A 15
avion à réaction 14
avions civils 3-5, 8, 10, 11, 14, 16
avions d'épandage 4
avions de ligne 5, 10, 11
avions de voltige 13
avions polyvalents 14
avions-fusées 20, 21

balistique **35**
bateau volant Hughes H4 6
Boeing 5, 10, 11
bombardier stratégique B1 15
Buran 22

capsules 25
capsules Soyouz 24, 28
cargaison, charge utile 4, 11, 15-17, 22, 24
Challenger 3, 28
Chinook, hélicoptère 17
Comet 1, 10
commandes de vol par fil électrique 7, 14
commandes, avion 6, 7, 14
Concorde 5, 10
conquête de l'espace 3, 28, 29
contrôle du trafic aérien 18, 19
convertibles 16, **35**
Cosmos 23

couloirs aériens 19
couple 16
cryogénique **35**

DC10 11
DC3 4
DC9 11
de Havilland Canada Dash 7 11
îailes delta 8
deltaplanes 12, 13
dirigeable **35**
Discovery 22
Dédale 8

Energia 23, 24

F/A-18 Hornet 14
F-15, chasseur 15
F100 Super Sabres 14
fente **35**
flux d'air 6, 8
Fokker 100 11
fusées 21, 22, 24-26, 29, 32, 33, **35**
fusées militaires 26, 27
fusées à propergol liquide 32, **35**
fusées à propergol solide 32, 33

Gagarine, Youri 28, 34
Goddard, Robert 32, 33
gouvernail de direction 7
gouvernes de profondeur 7, **35**

Harrier, avion à décollage vertical 8, 9, 15
Hermès 23
Hotol 20, 21
hélicoptères 4, 8, 9, 13, 16, 17
hélicoptères de surveillance 4, 16

ICBM 21, 26, 27
Initiative de Défense Stratégique 27

KC-10A Extender 15

lacet 7
lanceur Saturn 24, 28
lanceurs 24, 26, 28
lasers 27

Lockheed C5A Galaxy 11
Lockheed F-104 Starfighter 8
Lockheed SR-71 Blackbird 15, 21

McDonnell Douglas Apache 17
Messerschmidt Me 262 14
Mig25 14
MIRV 26
missile stratégique **35**
missile tactique **35**
missiles de croisière 26
monergol **35**
montgolfières 5
moteurs 11, 15, 20, 29, 31-33

NASA **35**
navette spatiale 3, 22, 23, 25, 28, 33
navigation 18

orbite géostationnaire 25
orbites 25, 28
Orient Express 20
Osprey 16

passagers 3, 10, 11, 15, 16
plan de sustentation 6, **35**
plan de vol 18
planeurs 8, 12, 22
plateau oscillant 17
portance 6-9, 11, 12, 17, 20, **35**
propulseur auxiliaire **35**
propulseurs Viking 24
propulsion par fusée 32, 33

radar 14, 15, 19
radiophares 18
records 34
rotor basculant 8
rotors 8, 9, 16-17
réacteur 3, 9, 10, 14, 21, 31

satellites 18, 21, 22, 24, 25, 27, 33, **35**
Schemp-Hirth Discus K 12

Sea King, hélicoptère 17
servomoteurs 7
Sikorski S61 17
Skyship 600 5
sondes Pioneer 29
Spacelab 22
Spoutnik 3, 24
station spatiale MIR 28
station spatiale Salyout 28
stations spatiales 28
îvitesse 8, 16, 34, **35**
surface portante 12
système de navigation Navstar 18
système de navigation par inertie 18

Thunderbolt 15
Tornado 14
trajectoire **35**
transpondeurs 19
traînée 8
traînée induite 8
turbohélices à pales incurvées 31
turbopropulseurs 31
turboréacteurs 31
turboréacteurs double flux 11, 20, 31
turboréacteurs monoflux 31
tuyères mobiles 8, 9

U.L.M. 12, 13, **35**

voilure 6-9, 11
voilure tournante 9
vol 6, 7
vol supersonique 8, 10, 14, 20, **35**
volets 6, **35**
vols spatiaux habités 28, 29
Voyager 4, 24, 34

Wright, frères 3, 6, 34

Yeager, Charles 20

Photographies

h = haut, b = bas, m = milieu, g = gauche, d = droite
Page de couverture : NASA ; page 3 : Zefa ; pages 5, 6, 12b, 13h, 15 et 19 : Robert Harding Library ; page 7 : Airbus Industries ; pages 9, 10 13b, 20 et 21 : Salamander Books ; pages 11g et 34b : Frank Spooner Agency ; pages 11, 12h, 27 et dos : Daily Telegraph Colour Library ; page 14 : The Research House ; page 23 : European Space Agency ; pages 29h et 34h : Rex Features ; page 29b : Science Photo Library.